# 歳をとっても
# ドンドン伸びる
# 英語力
## ノウハウ力を活かす勉強のコツ

鳥越皓之
Hiroyuki Torigoe

新曜社

目 次

Prologue　**だれもがドンドン伸びる英語力**　1
　❶頑張らない・満足感あり・罪悪感なし　〜波形トレーニングの利点〜
　❷Ｂレベルの英語力で十分　〜挫折せずだれもが実力アップ〜

Chapter **1**　**歳をとってもなぜ英語力は伸びるのか** … 7
　❶生物学的記憶力とノウハウ的記憶力
　　〜繰り返しは記憶力を高める〜
　❷成熟とノウハウ力
　　〜歳をとるほど総合的記憶力は高まる〜
　❸私の英語力はＢレベル
　　〜短期間で駆け上がったコツ〜
　Coffee Break 1 　16ヵ国語をマスターした語学のプロ
　❹Ｂレベルの英語力で講演 OK
　　〜パワーポイントを活用して聴衆に語りかける〜
　❺文法と発音と単語の目標
　　〜間違いを恐れず自分に合ったレベルを〜

Chapter **2**　**英語力を高めるノウハウの基本** ………… 27
　❶目標を立てる
　　〜英語をマスターするノウハウの基本　その１〜
　❷学ぶ意味を定める
　　〜ノウハウの基本　その２〜
　❸学ぶ必要を動機に
　　〜ノウハウの基本　その２（続）〜
　❹聴く力と読む力が近道
　　〜ノウハウの基本　その３〜
　❺インターネットの活用
　　〜ノウハウの基本　その４〜
　Coffee Break 2 　英語の成績がよくなかった人のノウハウ論

i

## Chapter 3　聴く力を高めるノウハウ ……………………… 47

❶能率よく聴く力をつける
　〜ノウハウの実行は留学にまさる〜
❷シャドウイング
　〜聴く力をつけるトレーニング　その１〜
❸聴き取りとチェック
　〜聴く力をつけるトレーニング　その２〜
❹ストーリー聴き
　〜聴く力をつけるトレーニング　その３〜
Coffee Break 3　聴く教材はなにがよいか
❺インターネット・You Tube の活用
　〜お金のいらないすぐれた教材　その１〜
❻もっとも推薦する TED 活用法
　〜お金のいらないすぐれた教材　その２〜
❼もう少しやさしい TED 活用法
　〜お金のいらないすぐれた教材　その３〜
❽やさしい授業や講演を探す
　〜まだむずかしいときは　その１〜
❾10 分だけ聴き取り
　〜まだむずかしいときは　その２〜
❿音読は弱者を救う
　〜まだむずかしいときは　その３〜
Coffee Break 4　アマチュアの実力はプロをしのぐ

## Chapter 4　読む力と単語力を高めるノウハウ ……… 79

❶辞書を引かずにニュースが読める
　〜読む力をつけるトレーニング　その１〜
Coffee Break 5　「ポップアップ辞書」の設定方法

❷やさしい読み物を楽しむ
　　〜読む力をつけるトレーニング　その2〜
❸多く読むと聴く力がつく
　　〜読む力をつけるトレーニング　その2（続）〜
Coffee Break 6　読む教材はなにがよいか
❹音読の効果・速読はしなくてよい
　　〜読む力をつけるトレーニング　その3〜
❺単語に30回出会えば覚えられる
　　〜3000語からコツコツ上積みを〜
❻電子辞書・単語帳の活用法
　　〜私の単語の覚え方〜
❼単語力は語源と勘で
　　〜割り切るのもひとつの覚え方〜

## Chapter 5　発音と話す力を高めるノウハウ ………… 99

❶明瞭で正確な発音
　　〜美しい発音はあきらめる〜
❷日本語と英語の発声の違い
　　〜鼻や胸が震えているか〜
❸英語発声法の原理
　　〜喉や胸を響かせる〜
❹英語回路に切り替える
　　〜話す力をつけるトレーニング　その1〜
❺英語回路で論理立てる
　　〜話す力をつけるトレーニング　その2〜
❻英会話を乗り切るコツ
　　〜話す力をつけるトレーニング　その3〜
Coffee Break 7　発音と話す教材はなにがよいか

## Chapter 6 書く力と文法力を高めるノウハウ …… 121

❶日記のすすめ
　〜書く力をつけるトレーニング　その１〜
❷ストーリーを想像する
　〜書く力をつけるトレーニング　その２〜
❸論文を書く
　〜書く力をつけるトレーニング　その３〜
❹冠詞の用法
　〜ノン・ネイティヴにはむずかしい区別〜
[ Coffee Break 8 ] 日本文化を捨てないと冠詞は理解できないのかも
❺文法は英語理解のツール
　〜文法こそ英語力を高めるノウハウ集〜
❻インターネットで英文法
　〜なぜ？という疑問が浮かんだらすぐ検索〜

## Chapter 7 シニア世代のノウハウ力がもつ底力 … 139

❶１日の勉強時間
　〜毎日３時間３ヵ月，むりなら 10 分でも OK 〜
❷シニア世代の底力
　〜歳をとったゆえのノウハウ力〜
❸私の英語力の最高地点
　〜一度衰えてもすぐ戻れる〜

## Epilogue 英語力を高める目標と学ぶ意味　147

❶ノウハウは宝，だが魔法はない
❷「取り返しがつかない」を突破せよ

引用文献・サイト　152

イラスト　谷崎圭／装幀　谷崎文子

# *Prologue*
# だれもが ドンドン伸びる 英語力

# ❶
# 頑張らない・満足感あり・罪悪感なし
～波形トレーニングの利点～

　私は68歳から根性を入れて英語の勉強をはじめることになった。その経験を書いたのが本書である。ところが，70歳以上になっても，ドンドン英語力が伸びるのである。これは私にとっては大きな驚きであった。それがこの本を書く動機となった。

　この本の基本姿勢は，「**頑張る気持ちのあるときは頑張り，その気持ちのないときは頑張らない**」という，ナントモ受験勉強には適さない考え方である。つまり上下に揺れる**波形トレーニング**の勉強法である。

　波形トレーニング法のよいところは，上下する波の下にいるときでも罪悪感が残らない。波なのだから上のときもあれば，下のときもあるという理解である。それでも着実に力はつく。歳をとったハンディを負っていても力はつく。

　英語力をつけるノウハウ本の多くは，私から見ると，修行僧のごとく固い決意で頑張るという，少し日常生活から逸したトレーニング法をすすめている。少なくともその著者たちは英語をマスターするのに「ヘェー，そこまでしたの！」という常軌

を逸した勉強をしたという。読んでおもしろいエピソードである。

　そんなふうに頑張れる人は，うらやましいし，尊敬もする。けれどもそんな頑張りができるのは，まだ無理ができる体力が残っている50歳ぐらいまでであろう。私がそんなことをすれば，たちどころにベッドに倒れこみ寝込むことになる。

　経験的にいうと，短期間であれ，波の上でやる気のあるときは，けっこう新鮮な気持ちで集中してトレーニングができる。今日はメチャクチャ頑張ったナーという満足感をもって，一日を終えることができる。

　これは「頑張らない・満足感あり・罪悪感なし」という勉強法なのである。そのため，挫折しない長期間のトレーニングを持続できる。

# ❷ Bレベルの英語力で十分
～挫折せずだれもが実力アップ～

　この本のおもな読者としては，たとえ身体的に衰えがあっても，それほど根性がなくても，英語力を伸ばしたい人を対象にしている。

　さらに，大学卒業程度の英語力をもっていて，急に仕事や私事の必要に迫られた人，英語には関心はあるものの，少ししか英語力をつけていないという実力の持ち主。そして，比較的自由に英語をあやつれるレベルをめざす人を対象にしている。

　ここで言う「比較的自由」とは，私の職業上の例になるが，外国の大学でそれほど抵抗なく英語で授業をし，寝転がって英語のペーパーバックのサスペンスを楽しんで読めるレベルである。大学で話していてときに文法を間違えたり，サスペンスを読んでいてわからない単語が出てくるのもめずらしくないが，ストーリーは理解できるから楽しめる。

　これは英語学習法の本の多くがめざすほどの高いレベルではない。後に述べるが，私は自分が到達したレベル，そしてこの本の到達目標を，Bレベルの英語力と呼ぶ。

　もっとも，大学卒業程度よりもかなり前の初歩レベルからは

Prologue　だれもがドンドン伸びる英語力

じめないといけない人もいるだろうから，本書ではそのような人の学習法にも言及するように配慮をした。

　その人の英語力，体力，精神力（やる気）の差によって，トレーニング法は異なるので，本書では複数のトレーニング法を並べている。そのなかでとりあえず自分の能力と環境に合った方法を最初に選び，その後，別のトレーニング法を加えていくのがよいと思う。

　とはいえ，英語というものは楽々にマスターできるものではない。英語を勉強しようという強い決意と持続力がなければ，英語力を高めるのはむずかしい。

　苦行は避けつつも，この本で述べるノウハウの基本と勉強のコツを３ヵ月実行すれば，70歳の人でも間違いなくレベルが上がる。だから，それにあわせて，少しずつむずかしい教材を選んでいけばよいのである。

　本書で述べることの一部を地道に実践すれば，自分の英語の実力が上がっていくのにだれもがビックリするだろうと確信している。

# Chapter 1
# 歳をとってもなぜ英語力は伸びるのか

# ❶ 生物学的記憶力とノウハウ的記憶力
～繰り返しは記憶力を高める～

　私は驚いたことがあった。70歳のある日，テレビで英語の番組を聴いていて，「最近になって英語を聴く力がまた伸びたナ」と実感したのだ。この経験は，同じ70歳のときになんどかあったし，69歳や68歳のときにもあった。あるときは，しゃべる能力，他のときは書く能力というように。

　じつは英語の力はそんなに簡単にはつかないもので，継続的な努力の末に，少しずつついてくるものなのである。そのため，少しなのだが，まちがいなく力がついたのがわかったのである。

　だれにとってもそうであろうが，70歳代というのは私には未経験の分野である。それは衰退以外にはなんにもないものだと，自分が60歳代のときに思っていた。けれども実際には，英語の聴き取りだけでなく，しゃべる力や書く力，まだまだドンドン力がつくのである。

　その力のつきかたは，実感としては，50歳代や60歳代とさほど変わらない気がしている。もしかしたら，30歳代や40歳代とも変わらないかもしれないが，それは40年ほど昔のこと

であるので，比較できるほどには覚えていない。

　ともあれ，**高齢者が，へんな高齢者の定義を自分で当てはめて，人生の可能性をあきらめて欲しくないのである**。いわんや50歳代の"若造"から，もう歳だから，外国語はマスターできないなどという生意気なセリフは聞きたくない。

　私の常識では，10歳代の末あたりの記憶力がもっともよく，歳をとればとるほど衰えていくというものであった。これはひとり私だけではなく，多くの人が共有している常識だと思う。40歳代の人が，最近は昔と比べて記憶力が落ちてきた，なんて言っているのを耳にすることがあるからである。

　もっと極端には，私が教えてきた大学のゼミの学生たちは21歳や22歳が多いのであるが，かれらでさえ，「最近は記憶力が落ちてきて，なかなか覚えられない」と不満を述べるのである。

　この大学のゼミでの記憶力の話をしてみたい。新学期になるとあたらしいゼミに学生が入ってくる。これは3年と4年という2年間の小さなクラスのようなものであり，ゼミ担当の教授は，中学校の担任の先生のようなものである。

　3年生の4月に，15人ほどの学生からなる第1回のゼミの授業がスタートする。1回目は自己紹介からはじまる。ひとりずつ順番に，名前を言ったあと，ゼミを選んだ動機やどこの県の出身か，クラブや同好会の活動などを，3分ぐらいで述べていく。

それが全部終わった後に，先生である私が「ではお互いにゼミ生全員の名前を覚えよう。自己紹介でみんなは名前を言っていたね，覚えているかナ？」と言うと，全員が「エーッ！」と大げさに驚く。自己紹介をボンヤリと聞いていたから全員の名前なんか覚えていない。

　そこで，最初に私が順番に，山田君，遠藤君，寺田さん，山崎さん，というように，全員の名前をそらんじて呼ぶと，またみんながのけぞるように大げさに「エーッ！」と驚く。

　これはもちろん，私が学生たちよりも記憶力がよいからではない。山田君の自己紹介のあと，遠藤君が自己紹介したら，山田君，遠藤君と心のなかでふたりの名前を繰り返し，その次に，寺田さんが自己紹介をしたら，山田君，遠藤君，寺田さんと3人の名前を心のなかで繰り返していたからにすぎない。

　ゼミ生たちが全員の名前を順番に言う作業を4～5人ぐらいまで進めると，そのあたりでゼミ生たちは全員の名前を覚えるようになる。

　私が全員の名前をそらんじたのは，記憶力をつける基本中の基本，というか，王道の「繰り返し」を心のなかで実行したからにすぎない。ゼミ生たちも4～5回繰り返すと全員の名前を覚えられる。

Chapter 1　歳をとってもなぜ英語力は伸びるのか

　記憶には「生物学的記憶力」以外に，「ノウハウ的記憶力」というものがあり，だれでもこの２つを実行して，あることを記憶しているのである。

　「繰り返し」も記憶力を高めるノウハウのひとつである。この「ノウハウ的記憶力」はとても大切で，ここが英語力を高めるキモだから後でくわしく述べることにしよう。

# ❷ 成熟とノウハウ力
～歳をとるほど総合的記憶力は高まる～

　私もそう思っていたが,「人間は歳をとればとるほど衰えていく」というのが世の中の常識だ。けれども,私だけではなく,おそらく多くの人たちが実生活の経験では,"そんなに単純ではない"と感じておられるのではないだろうか。

　大学に身をおく者のクセであるが,この実生活の経験を証明してくれる研究がないものかと学究の世界で探してみた。それを証明してくれる研究は,あまり労力をかけなくても見つかった。「老年研究」の世界ではほとんど当たり前と考えられているらしく,そのために簡単に答えが見つかったのだろう。

　いろんな分野からの言及があるが,もっともストレートにこの問題を扱っているのは発達心理学である。私はとりわけ,田島信元さん（東京外国語大学教授）と佐藤眞一さん（大阪大学教授）の著書と論考から学んだのであるが,そこでは「生涯発達」という概念が1970年頃から注目されはじめている。

　とくに私が興味をもったのは「知恵」（wisdom）という概念で,知恵は加齢につれて伸びて,老年になっても衰退しないと考えられている。とくに佐藤眞一ほか『老いのこころ――加齢

と成熟の発達心理学』(有斐閣 2014) からあたらしい動向が知れる。さまざまな実証研究がおこなわれているが，まとめるとつぎのようなことだ。

年齢を重ねると，第一に，人間は実際の生活場面での順応性が高まるということ。また，第二に，長年生きている人は，失敗や自分にとって不利な経験を多く重ねているので，失敗を減らすために，意識的・無意識的にその改善策を講じていること。これら順応性や改善策の2つが社会でうまく生きていく知恵となって評価されているようである。

そうした**生きていく知恵をひっくるめて「ノウハウ力」と呼んでおこう**。先ほど述べた「ノウハウ的記憶力」というのも，「ノウハウ力」の一種で，そのうちの記憶を増大するノウハウ力のことである。けれどもノウハウ力は記憶にかぎらない。英語で考えてみても，発音のノウハウや，表現のノウハウ，聴き取りのノウハウ，論理のノウハウなど多様である。

つまり言いたいことは，**ノウハウ力はとても期待できる成熟の力である**ということである。わかりやすいように記憶力にかぎって，生物学的記憶力と対比して単純化した図を描いてみた。

図で示したように，**生物学的記憶力は点線で表されているごとく歳をとるとドンドン減ってくる。それに対して，ノウハウ的記憶力は歳を重ねるにつれてドンドン増えてくる。2つの合計である「総合的記憶力」は5歳から90歳まで同じになるので**，波線で示しているように，"変わらない"（水平）というの

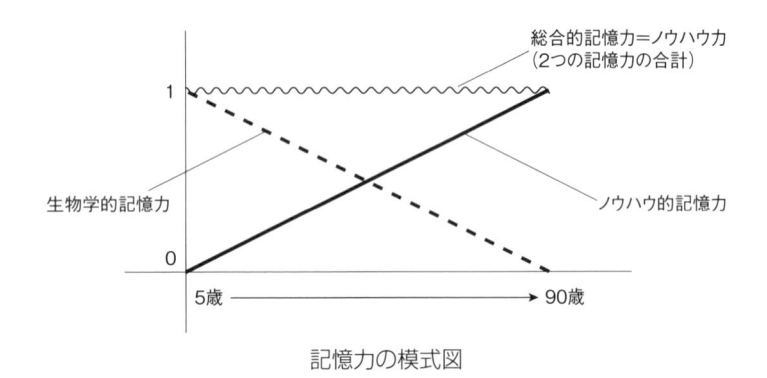

図中ラベル:
- 総合的記憶力＝ノウハウ力（2つの記憶力の合計）
- 生物学的記憶力
- ノウハウ的記憶力
- 1
- 0
- 5歳
- 90歳

記憶力の模式図

が結論になる。

　もっともここでいくつかの注釈を加えておく必要がある。たとえば、生物学的記憶力は5歳から高校生の18歳までドンドン落ちていくかというと、必ずしもそうとはいえない。そうすると、生物学的記憶力はもう少し上に膨らんだ曲線になるだろう。ということは高校生の頃は「総合的記憶力」はかなり高いということになる。

　また、ノウハウ力を高めるのは、30歳以上のある年齢を過ぎてからだろう。よく耳にすることだが、「高校生の大学受験の頃は、なぜあんなに数学や英語の成績が悪かったのだろう。いまだったら"やり方"がわかっていて、簡単にマスターできると思う」といった感想。

　そうなのである。高校生と異なり、いわゆる大人になると、"やり方"つまりノウハウがいつの間にか習得されているので、数学や英語をマスターするにはどうすればよいか、わかるので

## Chapter 1　歳をとってもなぜ英語力は伸びるのか

ある。それは**歳をとるにつれて，順応性と改善策が一定程度身についてくる**からであろう。そうすると，ノウハウ的記憶力のグラフも，年齢の後半の方で上に膨らませる必要があるかもしれない。

　それと5〜90歳と年齢をかぎったのは，0歳から5歳までの乳児・児童初期は言葉の学習についていろいろな研究と見解があり，このような単純な図では現実からあまりにも遠くなりそうなので省いたのである。90歳はおおよその目安である。70歳代の初頭に立っている私には80歳代や90歳代については見当がつかない，というのが正直な告白である。90歳で生物学的記憶力をゼロにするのは失礼なことだが，単純化のためにお許しいただきたい。

　すなわち，このグラフは一見して理解するための原則であって，現実は直線ではなくて曲線になっているはずである。また，これは記憶力にかぎった図である。英語のマスターにおいては，記憶力は大切だが一部に過ぎない。「ノウハウ的記憶力」だけではなくて，**総合的記憶力すなわち「ノウハウ力」である。ノウハウ力全体で考えると，総合的な力量は，若いときよりももっと高いだろうと思われる。**

　したがって，これから述べる英語のノウハウ力を上げる勉強のコツをマスターすれば，何歳であろうと英語力が順調に伸びていくと予想できよう。

# ❸ 私の英語力はBレベル
～短期間で駆け上がったコツ～

　この種の英語学習法の書物やノウハウ本を書いておられる著者たちは，とても高い英語の能力をもっているように見うけられる。後でそのレベルの基準を述べるが，これがAレベルの人たちである。

　それに対して，私はBレベルの英語力である。私は65歳ぐらいのときは，おそらくDレベルのひとつ下のEレベルあたりであったと思う。「英語で授業をするなんて！」とてもできないと思っていた。それが数年でBレベルに駆け上がった。どのような勉強のコツを使ったのだろうか。

　私は長年大学に勤めているので，大学教授を例にとって英語の能力を考えてみようと思った。しかし，語学教授という英語その他の言語学の専門家が多数おられてややこしいので，大学ではなくて，私が所属している規模の大きな学会を例にとることにする。

　私は4千人弱の研究者たちからなる日本○○学会に所属している。統計資料があるわけではなくて，個人的経験の勘であるのだが，この学会にはおよそ100人から150人ほど，英語を自

由にあやつれるAレベルの人たちがいる。外国の大学でも，なに不自由なく英語で授業のできる人たちである。この人たちのほとんどは外国の大学で博士号をとっている。つまり大学院の5年間以上を英語圏で過ごしてきた人たちである。

　日本○○学会のBレベルの人たちは，外国の大学で英語の授業をした経験をもっている。ただ，いちおう授業をしながらも不自由を感じ，ときたま手許の資料に目を通す必要がある人たちである。私はこれに属する。日本○○学会でもおおよそ200人ほどがこれに属そうか。

　Cレベルの人たちは，同様に外国の大学での短い授業経験や講演の経験をもつが，事前に作成した手許の英文を読むことにかなりの程度依存せざるを得ない人たちである。けれども読むだけでは学生は退屈をするので，しばしばそこから離れることもできる。これが300人ぐらいはいるだろうか。

　Dレベルの人たちは，とりあえず英語で研究発表をしたり，かなり苦労をしながら，だましだまし日本の大学で英語で授業ができる人たちである。これも500人ぐらいはいるだろうか。

　どこで読んだのか記憶がないのだが，数字だけは覚えている。ある言語学者によると，英語をまったく自由にあやつるには1万8千時間が必要だというのである。いちおうこの数字を信じることにすると，1日10時間×365日×5年＝18,250時間なので，5年間滞在するとピッタリとこの仮説にあてはまる。つまり1万8千時間を英語の勉強に充てられたら，Aレベ

ルに入るのだ，と思ってもよい。

　英語学習の世界で神様と呼ばれる**松本道弘さん**は，英語文化圏に行かないで，日本にいるだけでAレベルのはるかはるか上の方に到達した人だ。こういう人になると，1日のさまざまな時間を，こじ開けるようにひねり出して，英語に長い時間浸かる日々を送っている。松本さんは柔道や合気道などと同じ"道"として，英語学習を「英語道」に位置づけた人だ。そこには，武道を学ぶとは精神的支柱とする道を究めるという考え方が導入されている。私ども凡人ではよほど強い意志がないと，なかなかマネできない努力をつづけた人だ。

　たとえば松本さんは，忙しいサラリーマンであった若い頃，通勤電車のある駅とつぎの駅の間の数分間で「英文毎日」の社説を読み切ることを繰り返していた。つぎの駅に着いたときには，必ず4～5行まだ残っていて，「今日も読み通せなかった」とほぞをかんだそうだが，2～3年間その壁を破れなかったそうだ（『速読の英語』プレジデント社 1980）。これを数年間，毎日つづけるというのはすさまじい精神の強さだ。

　私は彼の出身大学の関西学院大学に勤務していたこともあるし，彼の住んでいた同じ豊中市の岡町で育ったので愛着があり，かなりの数の彼の本を読んだ。最近，出版された『**私はこうして英語を学んだ**（増補改訂版）』（中村堂 2014）はいままでの集大成として，読む価値のある本である。

　このようなすさまじい勉強のしかたをする人がいるし，そこ

までいかなくても、それに準じる勉強をする人たちがいる。ノウハウ本を書く人のほとんどはそのすさまじさをもっていて尊敬に値する。

　一方の私はといえば、そのような人たちを尊敬はするものの、そこまで英語に力を入れるだけの根性はなかった。とくに高齢になってから英語の勉強に集中したので、なんといっても体力に限りがあった。私などは振り返ってみるに、1万8千時間の3分の1より少ない勉強量かもしれないと思っている。

　もちろん、これは時間という量の話で、**質がよければ短い時間、たとえば5千時間以下でもっと進歩をするはずである。本書でもノウハウ力を活かす勉強のコツとして、この質の話をすることになろう。**

## Coffee Break 1　16ヵ国語をマスターした語学のプロ

　私は大学に勤務してきたので，大学にはとてつもなく語学力のある教授たちがいるのを知っている。ある教授は，16ヵ国語をマスターしていた。そしてさらに新しい言語をマスターしようとしていた。17番目の外国語なので，かなり小さな民族の言語となっていた。

　この教授の日常を見ていると，これら16ヵ国の言語の能力を下げないで，他方，あたらしい言語をマスターする努力に一日をささげているように見うけられた。

　だいたい単語というものは，ある語学の専門家によると，ザルから漏れる水のようで，いつもザーザーとこぼれ落ちているものだそうだ。すなわち簡単に忘れるものなので，彼のばあいはそれを補塡する努力と，あたらしい言語の単語と発音と文法と表現法を学ばなければならない。そのため，毎日がたいへんな努力である。

　こういう努力を間近で見ていると，とうてい自分にはできないとあきらめざるを得ない。世の中にはそれぞれの分野のプロがいる。そしてプロとはたしかにスゴイものだ。それがすごいのは，その人の才能というよりも，とてつもない隠れた努力をしていることによる。

　私自身もそうだがこの本の読者も，語学のプロをめざしてはいないだろう。けれども，俗にプロと呼ばれる人たちと同じぐらいの努力を，たとえば，3年ほどつづければ，どんな人間でも，すごいレベルに至る能力をもっている。その可能性を夢想すると楽しくなってくる。

# ❹ Bレベルの英語力で講演OK
~パワーポイントを活用して聴衆に語りかける~

　Bレベルの私は，外国で授業や講演をすることがある。英語になると，やはり母語で授業をするのとは異なった準備が必要である。英語での講演のばあいは，私は必ずパワーポイントを使うことにしている。

　会議で5分ほど簡単なあいさつをするなら，もちろんパワーポイントを使わないで，事前にこのあたりのことを話そうかな，と考えて，思いつくままの英語でしゃべる。あまり準備をしすぎると，アドリブが少なくなって，その場の雰囲気に合わせられなくなるからと思ってそうしている。しかし，ひとりで90分ほどの長さの話をして，聴衆に興味をもってもらうには，いまの私の英語力ではパワーポイントを使うのが便利である。もっとも，パワーポイントは曲者で，これに頼りすぎると，聴衆への語りかけが弱くなり，迫力というか説得力がなくなる。そのため，英語「会話」でとどまってはダメで，英語「語り」なので，たいへんなのである。

　そこで私はパワーポイントを用意して，その流れで発表を進めていくが，ときたまチラッと画面を見るだけで，あとは聴衆

アメリカの大学で講演する筆者

に向けて話をする。外国の大学で大きい教室のばあいは,教壇の前の空間で,聴衆から近い位置を右左に歩きながらしゃべることも少なくない。

アメリカでは,いつそのような教育を受けるのかはわからないが,パワーポイントに文字を入れてはいけないようだ。そのため,アメリカ人の発表では一般的にパワーポイントは,写真や絵,また単純化されたグラフや図から成り立っている。

ただ,私は自分の英語力を勘案して,**パワーポイントの画面で,講演や授業の意図とか目的を数行の文字にしている**。そして,それをややゆっくりと読む。そうすると,この講演の意図・目的が明確に理解してもらえるからである。結論の画面でも同様にして文字でまとめ,ゆっくり読みつつ解説をするようにしている。

もっとも,いま考え直してみると,私は日本で講演をするときも同様にしている。私の英語力を勘案して,と言ったが,こ

れは語学力だけではなくて、聴衆が明瞭に理解するための有効な方法のひとつかもしれない。

　日本での講演でも痛感することであるが、**講演や大学の授業は、Bレベルの英語力で十分できるが、「話す」のではなくて、「語りかける」ことが求められる。**

# ❺
# 文法と発音と単語の目標
~間違いを恐れず自分に合ったレベルを~

　Aレベルの人たちには文法的な間違いはほとんどないのであろうが，Bレベルの私はしゃべっていながら，アッ，前のセンテンスで文法的間違いをしたナ，と気づくことがある。個人の雑談中ならまったく気にしないが，授業や講演などでは，心のなかでアッと思うことがある。

　とくに時制や前置詞の間違いをすることが多い。けれども，聴衆をみると，私の文法的間違いにまったく無関心で，それこそ眉ひとつ動かしていない印象である。それよりも話している内容を理解しようと聞き入っている顔つきのままである。

　考え直してみれば，外国人が日本にやって来て，ありがたいことに日本語で講演をしてくれたばあい，助詞の混乱で主語と目的語を取り違えたり，時制のミスをしたりしても，無意識で頭のなかで修正をして，なんら不便を感じないのが普通である。そんなことよりも話していることを理解する方が大切であるからである。

　たしかにそういうことだから，文法的ミスは気にすることはないのであろう。けれども，なんどもアッと思うことは楽しい

## Chapter 1　歳をとってもなぜ英語力は伸びるのか

ことではない。口で表現に慣れて、しゃべっている途中の間違いを少なくするに越したことはない。

つぎに発音だが、私の発音はお世辞ではしばしば褒められるが、本心から褒められたことはないし、けなされたこともない。ノン・ネイティヴとしてはふつうなのであろう。

**発音については、発声法が基本であり、大切である。**それは後の章で述べる。

日本人など、英語が母語でない人たちの発音も、最近は飛躍的に進歩したと私は思う。昔は飛行機の客室乗務員の発音は日本語のカタカナ読みと同じで、ひどいものであった。それがいつの間にか、とても自然な発音に変わっている。また、アジア地域の英語を話せる人たちと会話をしていて、あまり発音で気になったことはない。上手とか下手とかいう意識ももたない。

これはおそらく、生の英語を聴く機会がとても多くなるとともに、音声機器の発達によって全体のレベルが上がったのであろう。

けれどもインドやフィリピンの一部の人はとても聴き取りにくくて、閉口することがある。アメリカの南部の人たちもそうだ。かれらの多くは英語が母語となっているものの、地元のローカルなアクセントを全然改良する気がないからであろう。

そのようなばあいでも、私たち日本人は素直だから、英語が聴き取れないのは、自分の英語力がないからだろうと思って落胆することがある。私はアメリカ南部なまりの強いアメリカ人

との雑談で，話す内容のほとんどがわからなくて，ヘラヘラしたまま，まともな返事ができなくて困ったことがある。けれども私は日本でも同様の経験を2回している。ひとつは青森県の農村，もうひとつは佐賀県の漁村であった。相手がなにを言っているか全然わからなくて，力なく頷くだけであったが，このときは自分に日本語の力がないからだとは思わなかった。

　発音は相手に理解してもらうために大切だから，標準的な発音をできるだけ身につけるのがよいと思う。ただ，英語の発音はとてもむずかしい。世の中には，英語でも日本語でも，とてもきれいな発音をする人がいる。しかしそれは理想であって，目標ではないと私は判断している。

　最後に単語についてだが，単語は知っているに越したことはない。けれども，私たち外国人にとっては，知らない単語は，汲めども尽きない泉の水のように，無尽蔵に出てくる。自分の口に合った量の水を含むように，必要かなと思う程度で満足すべきだろう。


　**文法は必要に応じてまめに文法書，辞書，インターネットでチェックして勉強するのが望ましい**。英語でコミュニケーションをするには，**「相手に通じる」レベルの発音でよいのではない**かと私は考えている。**単語は最低3000語が必要だ**と指摘するノウハウ本が少なくない。その程度が当面の目標かもしれない。

# Chapter 2
# 英語力を高める
# ノウハウの基本

# ❶
# 目標を立てる
～英語をマスターするノウハウの基本　その1～

　どのようなプロジェクトにも目標があるように，英語のマスターにも目標が必要である。目標が明確だと，手段が具体的になる。目標なしの勉強は，ダラダラして進まないものだ。

　どのぐらいの単語数を覚えればよいかとか，どの程度の文法の知識でよいか，どの程度のコミュニケーション力（聴き，話し，書く力）が必要か，などがわかるからである。

　わかりやすい例を出そう。国際線の客室乗務員になる目標のばあい，高卒程度の基礎的な英語力があれば，あとは1ヵ月も要しない程度のトレーニングで，乗客とのコミュニケーションは十分にできるだろう。もちろん，客室乗務員のそれ以上のトレーニングを否定するものではないし，実際，それ以上になされているだろうが。

　国際線の客室乗務員は，英語で乗客と自由に話をしている。ただ，客室乗務員として必要とされる英語は非常にかぎられている。そのため，単語数もとても少なくてよいし，関係代名詞や動名詞を使うような複雑なセンテンスは必要ないし，逆に嫌われる。

Chapter 2 英語力を高めるノウハウの基本

　客室乗務員は，乗客から最近のアメリカの大統領の演説について感想を求められることはないし，現在の金融政策について訊かれることもない。日本文化論，大リーグ野球などのやわらかな話題さえもない。客室乗務員はコーヒーと紅茶のどちらがよいかと質問をしたり，毛布が欲しいと言う乗客の要望を聞いたり，ライトのスイッチはどこにあるかというような質問を受けたりしている。

　つぎに，会社を退職したので，**夫婦で外国旅行に行くまでに，英語がペラペラになっておきたい**。このような目標のばあいも，比較的簡単である。話すのはおもにホテル，美術館などの受付，レストラン，それと買い物ぐらいであるからだ。

　**これからこの本で紹介をするようなトレーニング法で最低1ヵ月勉強し，それに加えて旅行会話に出てくる単語とセンテンスを記憶すれば，7割方は苦労なく対応できよう**。もちろん半年間勉強してもらえればとてもうれしいが。一緒に行く人が英語をほとんど話せないばあい，「英語がペラペラね」と言ってもらえそうである。

　ただ，これらのうちで一番の難物はレストランであろう。まず，メニューの内容が完全にはわからない。ワインの選択もそうだ。これらの困難の多くは語学というよりも知識の問題だが，語学と知識の両方が劣ると冷や汗をかく。これには「知ったふりをしない」のがもっとも楽な方法で，なんでもたずねてみることだ。無料の英会話の練習と思えばよい。私はその国の

ワインやハウスワインを注文することが多い。安いし，地元を知ることができる。もっとも，観光先で地元の人たちと少しばかり内容のある雑談をしてみたいと思うと，もう少しトレーニング期間が必要になってこよう。

「ビジネスで使えるような英語力」が目標になると，これは少したいへんである。**最低1年のややハードなトレーニングが必要であろう。**ビジネス英語は観光旅行英語と比較すると，シチュエーションは幅広いし，交渉が入るので相手に不快感を与えないための固有の言い回しが必要になってくる。そのために，それなりの期間のトレーニングが必要になってくる。

私は会社員ではないが，教育機関や学会などの研究組織としてのビジネス交渉が仕事に入ってくることがある。そこで**スティーブ・ソレイシィとロビン・ソレイシィ共著の『英会話ペラペラビジネス100』**（アルク 2002）という本を使ってセンテンスを覚えた。この本は私には使いやすく，よい本だと思った。

最近読んだ本に，元ソフトバンク社長室長の**三木雄信(たけのぶ)さんの『海外経験ゼロでも仕事が忙しくても「英語は1年」でマスターできる』**（ＰＨＰ研究所 2014）がある。その本では，第一線のビジネスマンとして必要な英語力は，ノウハウを使って勉強をすれば，1年で目標に達すると述べている。したがって，1年が目安になるだろう。

この本で印象深かったのは，ビジネス英語は比較的簡単だ

Chapter 2　英語力を高めるノウハウの基本

が，日常的な雑談の方がむずかしいという感想が述べられているくだりである。三木さんが言うには，ビジネス英語は使う目的もシチュエーションもはっきりしているので，その言い回しを覚えればよい。けれども日常会話はそれこそ「日常すべて」がテーマとなるからむずかしいと言う。そのとおりだと思う。

　そういうわけで，問題は**日常的な雑談ができる**という目標である。**こんなむずかしい目標は，まず完全にマスターすることはやめよう。**これはある意味で，テーマはなんでもアリ，というところがあるから，むずかしい。また，目標もはっきりしないから到達点がない。私が先ほどレベル分けをしたAレベルの英語力のとても高い能力をもつ人でも，日常的な雑談が一番むずかしいと言っていた。

　雑談は英語力ではなくて，自分の個性と関心で勝負するしかない。スポーツであれ，バード・ウォッチングであれ，自分の関心のある分野の英単語を事前にチェックしておくしかないだろう。

　私は歳をとってしまったからだろうか。恥をかくことを別に恥とも感じなくなってしまった。他人から尊敬を受けたいともあまり思わなくなってしまった。そのため，雑談をけっこう楽しんでいる。どうせ下手な言い回しになっているだろうが，そのことで軽蔑されたことはないように思う。相手はこちらの英語力に合わせて話をしてくれるものだ。

ともあれ、ここで言いたいことは、英語をマスターする目標が大切だということである。明確な目標がないばあいでも、一里塚となる具体的目標を立てるのが絶対によい。その目標に達したら（一里塚にたどりついたら）、つぎのあたらしい目標を立てたらよい。
　「目標を立てる」ことは、英語力を高めるとてもとても大切なノウハウの基本である。

# ❷ 学ぶ意味を定める
~ノウハウの基本 その2~

Chapter 2 英語力を高めるノウハウの基本

　なぜ苦労して英語を学ぶのか。

　「好きだから」「道楽」という人がいれば，それはそれでりっぱな答えである。そのばあいは，「苦労して」ではなく，「楽しんで」学んでいることになる。楽しんで学ぶ人は力をつけやすい。うらやましい限りである。私は楽しんでいるかと問われると，少しあやしい。そこで「学ぶこと」の理屈が必要になる。

　私自身は14ヵ国語をマスターしたロンブ・カトーの考え方がとても気に入っている。彼女は言う。

　「わたしたちが外国語を学習するのは，外国語こそが，たとえ下手に身につけても決して無駄に終わらぬ唯一のものだからです」（『わたしの外国語学習法』ちくま学芸文庫 2000）。

　そして彼女は，外国語以外ではどうなるか，ということで，音楽をたとえにあげている。楽器のヴァイオリンを少ししか弾けない人がいたとする。友だちにその演奏を聞かせたとしたら，自分自身は得意な気持ちで楽しいかもしれないが，友だちには大きな苦痛であると。

　おもしろいたとえである。たしかに，**外国語の習得は初歩的**

なレベルでも喜んでもらえる。私にも経験がある。

　最近は国際交流が盛んで，学生たちの引率で中国や韓国に行ったときに，学生のだれかが，たどたどしくはあるが，中国語や韓国語など，そこの言葉で自己紹介をすると，相手国の学生たちは目を輝かせて喜んでくれた。逆に向こうの学生が，日本語で「わたしの名前はキム・ヨンジャと申します」というように，習ったばかりの日本語で自己紹介をしてくれると，一気に両者のあいだの垣根が取り払われる。たどたどしくても学生たちはお互いにとても嬉しそうだ。もちろん，私も嬉しい。

　たしかに，**外国の言葉はへたであっても，決して無駄ではない**。それが楽器演奏などの他の分野と大きく異なることだ。**お互いの理解，お互いのコミュニケーションを深めてくれるからである**。この事実は，目標によってどのレベルの語学力でもよいことを示しているし，文法的に間違ってもなんら問題がないことを教えてくれる。

　ただ，悲しいかな，私たちは学校で必修科目として英語を学んだので，間違いはよくない，完璧であることを優秀とみなすクセをもっている。この呪縛からなかなか逃れられないところがある。


　**英語を学ぶ意味は何か。位置づけが定まると目標も立てやすくなる。**

# ❸ 学ぶ必要を動機に
～ノウハウの基本　その2（続）～

　英語を学ぶ意味として，「**必要だから**」という**動機**がある。私のばあいはこれであった。

　私は中学，高校，大学と英語の授業を受けてきたので，大学卒業程度の英語力はあった。また，大学院に進学して，その後，社会科学系の専門家になったので，特定の分野の英語を読む能力はとりあえずあった。また，その分野の英単語にはくわしくなっていた。他方，学校で習った文法などはほとんど忘れてしまった。

　この英語力で，社会科学の専門家として通用してきたのである。とくに私は日本の地域社会で生起する問題を調べたり，古文書を繙く歴史をおもに扱っていたので，英語などの外国語は現実に必要ではなかったわけである。

　ところが，世の中が変わってきた。とくに大学で「国際化」が本気で考えられはじめた。

　65歳になった頃に，私のような"国粋派"にも国際化の波が押し寄せてきた。なるべく国際会議で発表することが望ましいとか，大学内で専門科目の一部をできれば英語で担当するよ

うにというような要求が，勤めていた大学で矢継ぎ早に出てくることになった。

そういう経緯で，国際会議で英語の発表をする必要に迫られてきたので，あらためて英語の勉強をすることになったのである。そのため，65歳からまじめに勉強をはじめたのは事実であるが，はじめの数年はそれほど必死ではなかった。

ところが，68歳になったときに，私は日本○○学会の会長に任命された。しかもその在任期間中に日本で国際会議が開催されることが事前に決まっていた。参加者数8千人と想定される，とても規模の大きな大会である。この学会は大正期に創設され，およそ100年の歴史をもつ重厚な学会であるが，この学問分野の研究者が一堂に会する国際会議を日本でもつのは，はじめての経験であるとともに，それが会員の長年の夢でもあったのである。そのため会員の期待をうけて準備には力がはいっていた。

会長ということは，いちおう，招請国の責任者になる。突然，さまざまな場で英語でのコミュニケーションが求められるようになった。これが私の「必要だから英語を学ぶ」ことになった経緯である。

したがって，本書のタイトルは，本当は「68歳からドンドン伸びる英語力」なのである。

「必要だから英語を学ぶ」という動機はとても強いものである。"必要"が必死にさせるからだ。先ほど紹介した元ソフトバ

Chapter 2　英語力を高めるノウハウの基本

ンク社長室長の三木雄信さんは直感的に，このまま英語ができなかったら首になると思って，必死で英語を勉強したそうだ。

『村上式シンプル英語勉強法』（ダイヤモンド社 2008）という興味深い本を著した米グーグル副社長兼日本法人社長の**村上憲郎**さんは，日本企業から外資系コンピューター企業へ転職してみて，人に後れを取っている最たるものは英語力であったという自覚をする。そして，なんとかしなけりゃダメだという危機感が，使える英語を勉強しようとした動機だと述べておられる。これも必要に迫られた英語力である。

私もそうだが，現在企業や団体に勤めている人たちは，突然，英語が必要な役職に割り振られることがある。この種の必要性が現代社会ではとても多くなっている。

あるいは，日本一の英語教師と称されている**西村喜久**さんは『**すごい！英語は前置詞だ**』（明日香出版社 2011）で，自分が英語を真剣に勉強しようとした動機は，高等学校のESS（英語クラブ）でのK子ちゃんに対する一目惚れで，K子ちゃんへのあこがれとコンプレックスで英語をはじめたという。これなどはほほ笑ましい話で，こんな動機もよいのではなかろうか。

ここまでのノウハウの基本は次の章で述べるノウハウの技術に比べて軽視しがちである。だが，"ぶれない学び"のためにとても大切である。

ぶれてしまうと，ついあきらめてしまったり，計画を守れず簡単に妥協したりしてしまう。とりわけ高齢者にとっては，1

日の時間は十分にあるかもしれないが，残されている人生全体の時間はかぎられているわけで，ぶれているヒマなどはないのである。

　ともあれ，必要からであれ，生きがいや趣味からであれ，英語を学ぶ意味を自分なりに押さえておくことは，ノウハウの基本として，とても重要なのである。

Chapter 2　英語力を高めるノウハウの基本

# ❹ 聴く力と読む力が近道
～ノウハウの基本　その3～

　前に述べたノウハウの2つの基本のつぎに，技術的ノウハウに進む以前の中間的なノウハウがある。それが，「**英語は入力（インプット）がもっとも大切**」という事実である。

　私たちがいま考える英語といえば，英会話である。それはスピーキングがイメージされる。つまりペラペラしゃべること。これは**英語の出力（アウトプット）**である。だが，それよりも**実際には入力が大切だ。入力には，耳で聴くこと（ヒヤリング）と，目で読むこと（リーディング）がある**。

　第一にヒヤリングである。聴くことが英語力をつけるうえで軸になる。この事実は，じつは私個人の経験に基づくものではない。60歳代も後半に入ってから，私は英語力をつける必要に迫られた。そこで英語力をつけるノウハウの本を読みあさった。そのうち信用できる本の結論が，おもしろいことに共通していた。それは，**英語は入力がもっとも大切という教え**であった。私はそれに従い，そして実際に英語力を高めることができた。

　第二にリーディングである。できるだけ多く読むのがよい。

これはやさしい英文でもまったく問題はない。

ヒヤリングの機器がさほど発達していなかった古い時代に書かれた本では，リーディングの大切さをあげている。けれども，現代はヒヤリングの機器が発達しているために，**ラジオ・テレビ番組，スマホ，パソコンなどを使って聴き取りの練習の時間をもつのがよい。**

なぜ，英語の入力が大切なのだろうか。

私は英語力をつけるノウハウの世界の先達に導かれてそのマネをしたにすぎなくて，専門的な論理をもちあわせていない。けれども，**多くを聴いたり読んだりすれば，たしかにいろんな表現が学べる。**「あぁ，よい表現だナ，覚えておこう」ということがしばしばある。また，単語数が増える。文法的理解の助けにもなる。総合的によいのである。

さらには，意識して覚えたわけではないのだけれども，よく聞いたとか読んでいたフレイズ（慣用句，言い回し）をいつの間にかしゃべるときに使っていることがある。表現の幅が増えるといえばよいのだろうか。

もっとも，急いで付け加えておくことがある。実際は「あぁ，よいフレイズだナ，覚えておこう」と思って，2～3回，繰り返して読んで，いちおう記憶する。だがほとんどのばあい，数日たつときれいさっぱり忘れ去っている。それが私の情けない体験である。

ところが，ところが，である。そんなことを繰り返している

Chapter 2　英語力を高めるノウハウの基本

と，ある会話のなかで，そのフレイズが突然口から出てきて，しゃべっている自分に驚いたことがある。記憶とはわからないものだ。つまり，**忘れ去っても落胆しないこと。それはまったく無駄なのではなくて，あるときに，記憶から消滅していたはずのフレイズが，突然生き返ってくるものなのである。**

　それと入力が大切である理由は，コミュニケーションとは自分と他者の間の「話す―聴く」という相互行為である事実とかかわっている。話すのは自分の能力，つまり自分が知っている単語と文（センテンス）を使って表現するので，たいした不自由はない。問題は聴く方である。相手は自分の知らない単語やフレイズを使うかもしれない。そのため，日頃入力に励んでおくことがとても大切なのである。

　数ある英語力のノウハウ本のなかで，これとは反対に，出力（アウトプット。話すこと，書くこと）が大切だと指摘する本に出くわす。ただ，それらのうち，定評ある本をていねいに読んでみると，「なんらかの理由でとくにこれを強調する」という流れで，やはり入力の必要性を述べている。

　たとえば，三木雄信さんはつぎのように述べている。

　「日本人は学生時代にそれなりのインプット（入力）があるので，むやみにインプットの量を増やす必要はないのです」（『英語は1年でマスターできる』）。

　しかし，三木さんが言いたいことは，1年というかぎられた時間で，ビジネスで"使える"英語をものにしたいならば，発

音や文法などいろんなトレーニングを無視せざるを得ない。それよりも，もっと出力に時間をとってトレーニングをする必要がある。ボンヤリとインプットをしていてはダメで，「アウトプットに向けてインプットする」ようにしなければならないという主張である。このような限定をおけば，たしかにそうであると首肯できる。

英語の入力（聴くこと・読むこと）に集中することが，英語力を高める近道である。

Chapter 2 英語力を高めるノウハウの基本

# ❺ インターネットの活用
~ノウハウの基本 その4~

　母語にプラスして国際語（おそらく英語）の2つを，多くの人が自由に使える時代が数世代先に来ると思う。その時代になると，2つの言語をマスターするのに，いまの私たちほどの苦労を必要としなくなっているだろう。それは**ノウハウとそれを支える技術がもっと発達する**からだ。私たちがその時代にいないことは残念ではある。

　けれども，私たちはそのとば口に立っている。つまりは，少しはその恩恵を被りはじめているのである。それはインターネットを代表とする情報機器の活用による。

　一人ひとりの英語の学力が異なる。また，勉強ができる時間が異なる。それにもかかわらず，私たちは決まった時間に力の異なる数十人をひとつの部屋に閉じ込めて英語教育をしてきた。

　**各自が自分の力に合わせて，好きな時に勉強できる方法をオンデマンド（on demand）方式という**。情報技術の革新でこの方式が英語教育に少しずつ取り入れられようとしている。

　じつは，この本の各所で紹介しているような，**インターネットなど情報機器を活用して英語力をつけるノウハウは**，この最

先端のオンデマンド方式なのである。このオンデマンド方式の利点を意識的に利用していただきたい。この利用によって，過去の時代の人たちよりも，英語の勉強がはるかに効率的になるのである。

なんといっても，インターネットの進歩は私たちの英語の勉強にとても大きな貢献をしてくれるので，これを利用しない手はない。これは楽で，ストレスがないのが長所である。

この章をまとめておくと，英語力を高めるノウハウの基本は4つある。
1. 目標を立てること
2. 学ぶ意味を自分なりに位置づけること
3. 入力（聴くこと・読むこと）がもっとも大切
4. インターネットの活用で便利に効率よく

つぎの章から，いよいよ技術的ノウハウに入っていこう。ただ，気持ちとしては，舌と歯の位置の断面図を示しながら，正確な発音をマスターするというような厳密で固い技術論に入らないようにしたい。われわれ高齢者には，英会話をマスターしようとして数回の挫折を過去に経験している人が多いので（失礼！），類似の手法は避けたい。大きな括りから論を立てて説明をしていくようにする。

Chapter 2　英語力を高めるノウハウの基本

Coffee Break 2　**英語の成績がよくなかった人のノウハウ論**

　英語力を高めるノウハウの本を手当たり次第に読んでみて，おもしろい発見をした。それは，この種のノウハウ本の著者の多くが，「私は学校での英語の成績があまりよくなかった」と明かしていることである。この発見に私は思わずほほ笑んでしまった。じつは私もそうであったからである。

　いまでも明確に覚えていることがある。高等学校受験のとき。中学校の職員室にオドオドと入っていって，「英語の代わりに家庭科で受験をしたいんです」と担任の先生に相談した。先生からは理由を聞かれることもなく，「バカか？」と厳しく小声で怒鳴られて，すごすご引き上げた経験がある。

　当時は英語以外の選択肢として家庭科が認められていた。英語の成績があまりよくなくて，一晩中考えてひねり出した妙案であったが，簡単に吹き飛ばされてしまった。このように悩むほどに，英語の成績がよくなかった。つまり英語が嫌いであった。

　英語の成績がよくなかった人が，英語のノウハウ本を書くということには私には合点がいく。その後，無事に念願の高等学校に進学し，数学の授業での経験である。

　頭が完全に禿げているのでズンベラというあだ名の数学の先生は，超一流大学の理学部数学科の出身で，黒板に書かれている数学の問いを，頭をかしげながらほんのしばらくながめると，チョイチョイと数式を書いて，そして「こうなるんですワー」と言って解答を示すのが常であった。ところがわれわれ凡人の生徒たちは「そこがわからんのですワー」と言って，数式をにらむだけであった。ズンベラはなぜ私たちが理解できないのかが，わからなかったのである。

　それに対して，ふつうの国立大学教育学部を出ている数学のF先生は，ときには混乱をして「エッ？エッ？」と言って手許のあ

んちょこでチェックすることはあったが，その解答に至るプロセスをキチンと説明してくれて，とてもよく理解ができた。F先生は解答に至るノウハウを私たちに説明をしてくれたのである。F先生自身がこのノウハウを使って数学をマスターしてきたからであろう。

　つまりはノウハウというのは，その分野の秀才には不必要であって，その分野の凡人には不可欠なもののようである。ノウハウというのは凡人によって開発されるものなのだ。

# Chapter 3
# 聴く力を高める
# ノウハウ

# ❶ 能率よく聴く力をつける
～ノウハウの実行は留学にまさる～

　英語力を高めるには入力（インプット）がもっとも大切であると述べてきた。入力は「聴くこと」と「読むこと」の2つに分かれる。ただ最近は，音声機器の発達で聴く力を鍛えるトレーニング法が向上した。能率が高まったと言ってもよい。

　原則的には，「聴く力の向上」と「聴いた時間」は相関関係にある。すなわち，たくさん聴けば，聴く力が強くなる。これは経験的にも理解できよう。たとえば，アメリカの大学に留学して1日に3コマ受講すると，教授の話を4時間半連続で聴くことになる。また，授業中の質問や討議もとてもよい勉強になる。その後で買い物に行ったり友だちと雑談したりするのも，聴く機会といえよう。

　ところが，非英語圏に住んでいる私たちは，聴くことにそんなに多くの時間を割くことができない。となれば，能率よくマスターする戦術が要る。

　「能率よく」とはノウハウを理解し実行することである。この実行は予想外に効果がある。1年ほど留学した人の英語力を短期間で簡単に逆転できる。これは実証済みである。

Chapter 3 聴く力を高めるノウハウ

## ❷ シャドウイング
~聴く力をつけるトレーニング　その1~

　聴く力をつけるための3つのトレーニング法を紹介しよう。

　もっともよい方法の1つめは**シャドウイング**である。「シャドウイング」とは英語を学ぶ人たちの世界でよく使う用語である。**ある人の話をそのとおりマネをしながら，少し遅れて同じように発声していくことだ。**このシャドウイングは聴き取りの力をつけるのにとてもよい。

　じつは，シャドウイングはしゃべる力をつけるのにも有効な方法だ。いつのまにかあるセンテンス（文）を覚えてしまうからである。そして，結果的にあたらしい単語を覚えてしまう。

　このシャドウイングは，子どもがあたらしい表現を覚えていく手法に似ていて，原始的で単純な方法だが，聴く力をつけるために効果は大きい。同時通訳のトレーニングでも使われていると聞く。

　だが，「**十分の意欲とエネルギーがあるならば**」という前提をつける必要がある。このシャドウイングの欠点は，とても疲れることである。勉強への意欲の高い若い人たちならば，それに耐えられるだろう。だが私ほどの歳になると，すぐに疲れて

しまう。かなりの集中力が要求されるからである。やさしいセンテンスでも，私などは5分も耐えることができないばあいが多い。

たとえば，サスペンスもので，

"What's happened?"

"Everyone is perfectly safe. No one is injured."

（*Ashworth Hall*, p. 60）

というような会話を聴き取りながら，同じように発声していく。少し遅れてついていくわけだから，このばあいは，登場人物が"What's happened?"と言い終わったあたりで，同じセンテンスを発声するが，そのとき耳にはつぎのEveryone is が入りはじめている。そして耳に入って記憶したEveryoneを言うときには，No one is injured が聞こえていることになる。

なかなかたいへんなので，うまくついていけないことが多い。そのばあいはついていけるまで繰り返すのである。このトレーニングをしていけば，たとえば別の機会に John is injured というような表現に出会うと，簡単に聴き取れるのである。

たとえば短い会話の教材を手に入れ，そのひとつのセンテンスごとに区切って会話を止め，シャドウイングしてつぎのセンテンスに進むのなら，慣れていない初心者でも比較的簡単に練習できるだろう。

シャドウイングは，はじめの数回は音声だけを聴き，それから英文字幕などのトランスクリプト（会話を書き起こした文）

を見て，聴き取れなかったところをチェックする。そしてまたシャドウイングするのが原則である。

　自分の力が足りないと思ったばあいは，はじめから英文字幕などを横目で見ながら，シャドウイングをしてもよい。ただ，最後は字幕を見ないで，シャドウイングができるようになるのが理想である。

　シャドウイングは効果が高いが，あまりにも高度なトレーニング法で緊張とエネルギーを要する。かなり英語力のレベルの高い人を除いて，このような方法があることを知識としてもっておき，一部を利用するにとどめる方がよいだろう。

# ❸
# 聴き取りとチェック
~聴く力をつけるトレーニング その2~


2つめのトレーニング法として，**数十秒ほどのごく短い会話や語りを聴き取り，聴き取れなかったところを英文字幕などのトランスクリプトでチェックする**という方法がある。それは2つ~5つほどのセンテンスが含まれたごく短いひとまとまりの文章や一場面である。

この方法では数回，DVDなどを巻き戻して繰り返すことになろう。数十秒の長さだから，すぐに全部が聴き取れるようになる。そうなれば，つぎの短いひとまとまりを聴くという形で進めていくトレーニング法である。

これだと，それほどの集中力は要求されない。しかし，驚くほどに，当たり前の簡単な単語が聴き取れないことがある。英語ではいわゆるリエゾン（単語間の音のつながり）やリダクション（音を弱めたり発音しない）があったり，ある表現が気になって，つぎの表現を耳では聴いているが，頭で聴き取っていないために，理解できないことがしょっちゅうあるからである。この意識的な「聴き取りとチェック」もありふれた伝統的な手法だが，効果が高い。

例をあげておこうか。

前日にLoisという名のガールフレンドを業者（supplier）と偽ったのがばれていたので，翌朝，息子の嫁と顔を会わせたくない義父（Rodney）と嫁の会話というシチュエーションである。

（嫁）　Where are you going?
（義父）I thought I'd eat this in my room.
　　　（両手にコーヒーのカップとパンを持っている）
（嫁）　No, the house isn't that big, Rodney. You're gonna have to stop avoiding me.
（義父）OK. OK. Lois isn't a supplier. Yeah, and I want to apologize.
　（*Desperate Housewives,* Season 1 Episode 13
　DVD 発売元：Buena Vista Home Entertainment 2005）

この程度の長さを聴き取り，巻き戻して字幕を出してチェックして繰り返し聴き直し，字幕なしで全部聴き取れたらつぎに進む，というトレーニングをするのである。

このなかで，使える表現だなと思ったところを一部だけシャドウイングしつつ，そのセンテンスを丸ごと覚える練習も試してみるとよい。もちろん，そのときには覚えるのだが，そのセンテンスは3日ほどたつと忘れてしまう。それでも意識下に残っているので，そんなに気にすることはない。この意識下の

記憶については後でその有効性を述べる。

　この「シャドウイング」と「聴き取りとチェック」というトレーニング法が，能率がよいのはあきらかである。アメリカの大学での授業を想定してみるとよい。教授の話の中であるセンテンスが丸ごとわからないことがしばしばある。またわからない単語が出てくる。しかし，それらをチェックする方法はないのである。授業はＤＶＤのように巻き戻しができないから，わからないままになってしまう。英語力を高めるという意味では，意外と能率が悪いのである。

　ただ，授業や講演は原則として途中で退室できない雰囲気があるから，強制的に聴くことに多くの時間を割けるのが長所である。

　この「強制的ではない」というのが，われわれの弱点ともいえる。そのために，先に述べた４つのノウハウの基本をキチンと定めておくことが，きわめて大切なのである。

　ノウハウ本には，この聴き取りの内容を書き取る（ディクテイション）のがよいという指摘がみられる。そのとおりで，書き取ると目にその文字が入ることによって記憶が強くなる。また，前置詞や冠詞，単語のつづりなどに対してアイマイな理解が許されなくなるからだ。

　ただ，私は書き取るというトレーニング法はすぐにあきらめた。私の根性と英語力では，あるひとまとまりの表現の聴き取りを完了するのにとても多くの時間が必要になって，なんとい

うか，疲れてしまったのである。屁理屈的な理屈をつければ，できるだけ多くを聴き取るという意味からは非能率のような気がしたからでもある。さらに言えば，あまりにも完璧な方法を選ぶことによって，挫折してしまうことを恐れたからでもある。

　学習の持続には「まぁまぁ」という考えがとても大切であるというのが私の哲学である。あるいはこれは老人の知恵かもしれない。

# ❹ ストーリー聴き
~聴く力をつけるトレーニング　その3~

　3つめのトレーニング法として「ストーリー聴き」がある。「シャドウイング」はとても高い意欲と体力的なエネルギーがあればできるが，私などはそんな状態はたまにしか起こらないので，ふつうは2つめの「聴き取りとチェック」か，この「ストーリー聴き」をしている。

　ここで言う「ストーリー聴き」とは，30分なり1時間のストーリーのすべてを数回聴くことを意味する。はじめは，聴き取れないところでもとくにチェックをしない。これが2つめの方法と異なるところである。**聴き取れる範囲内で素朴に内容を楽しめばよいのである。**

　2つめの「聴き取りとチェック」は，それほど高いエネルギーを要求しないが，勉強をする気持ちが必要で，それがあるときはドンドンと進めることができてよい方法である。しかし，いつもそこまで高い勉強意欲があるわけではない。そのときには，この3つめの方法でいこう。

　これは楽しめて，しかも力がつくトレーニング法である。したがって，先の2つのよい方法があることを知っているが，そ

Chapter 3 聴く力を高めるノウハウ

れは状況によって用いることにして,通常はそんなに集中力を要求しないこれから述べる方法をとるのがよいのではないか。

内容を楽しむためには,そのストーリーにとりあえずついていけるほどのやさしいものを選ぶとよい。そのストーリーがわからないようでは楽しめないからである。教材選びの基準は,**「とりあえず全体のストーリーが理解できるかどうか」**である。

つまり,自分の力にあわせて,ストーリーを選ぶことになる。かつて放映されたテレビの連続ホームドラマがDVDになり,数多く販売されている。このホームドラマは比較的内容が簡単である。これには日頃よく出会う表現が使われていて,文学作品のような凝った形容詞や副詞(つまりその文脈では読者をうならせるよい表現であるが,ほとんど出くわさないむずかしい単語)が使われることがないのが長所である。日英の字幕を(画面に)表示する・しないを選べるのも利点である。

また,連続ものがよいのは,その後,どのようにストーリーが進展していくのだろうと,英語はそっちのけで,内容に興味をもつからである。楽しめているのだから,それでよいのである。

また,ストーリーの展開では,サスペンスものがおすすめである。おもしろくて止められなくなるからである。**おもしろいことは,挫折を防ぐもっともよい方法のひとつといえよう。**

James Spader 主演のテレビドラマ *BLACKLIST* や Tom Hanks 主演の映画 *Forrest Gump* は私の推薦する作品である。

これらは日英の字幕付きで販売されている。

　一度ざっと聴くとそれで内容がわかるが，1回めはあちこちにわからない文脈やセンテンス，単語と，聴き取れないことが山ほどある。そこで2回めは，英語か日本語のどちらかの字幕を画面に出すようにする。どちらがよいかは個人の好みであったり，その人の英語力しだいだったりするので，自分で好きな方を選べばよい。

　字幕が出てくると，理解力がかなり改善される。「ナルホドそうか」とわかって，自分が聴き取れなかった理由もほぼあきらかになる。それでも，まだわからないところがあるので，3回めを聴く。

　じつはこれは何回聴き直してもよいので，極端にいえば10回聴き直してもよい。ノウハウ本によると，30回も聴き直すことをすすめている。それは**木村長人さんが書かれた『英語は「6割」を目指せ』**（河出書房新社 2013）という本である。木村さんの経験に基づいていて，それを読めば，たしかにそうだなと賛同できる。ただ，私は根性がないので，30回も聴いたことがない。だが，木村さんの指摘に従えば，絶対に効果はあるだろう。

　さて，5回も繰り返し聴き直すと，ほとんどすべてを理解しているので，先に述べたシャドウイングをしたくなったりする。そうすると実際に，表現のリズムやそのセンテンスが身についた後でシャドウイングをするのも，ひとつの有効な方法で

はないだろうか。私はそれを実践することがある。

　ただ，ストーリーがおもしろくて，そんなに回数を重ねたくないと考える人には，次のストーリー聴きに進むのでも OK である。そういうばあいは，あたらしく聴く英語の量が増えるので，それが長所となる。

## Coffee Break 3　聴く教材はなにがよいか

　聴く力を高めるにはどんな教材を使うのがよいか。
　自分で「ストーリーがとりあえずわかる程度」が選ぶ基準である。100％理解できるというのでは，やさしすぎてあまり意味がない。また，ストーリーがわからなければ，むずかしすぎてつまずいてしまう。
　また手に入れるＤＶＤは日英の２種類の字幕がついているものをぜひ選ぶべきである。最低限，英語の字幕は欲しい。字幕がないと聞き流すのに近くなって能率が落ちる。シャワーのように聞き流すだけで力がつくという教材の宣伝文を目にするが，あれは誤解を与えてしまう。たんに聞き流すだけで英語の力がつくほど，英語はやわではない。
　ＤＶＤをＰＣで使いこなすソフトはいろいろあるが，私は **CyberLink PowerDVD** を使っている。これは８千円ほどの有料のソフトであるが，クリックするとセンテンスの頭に戻ってくれるので，繰り返し聞くのにとても便利である。
　さて，問題のＤＶＤであるが，やさしいところでは，私たちの年代では若い頃に「**奥様は魔女**」*Bewitched*（Sony Pictures Home Entertainment）がテレビで放映されていたのを覚えておられるはずである。これは現在でも簡単に入手できる。表現がやさしいし，クリアーなので，おすすめである。ただ，魔女の話なので，ときたま，むずかしい単語が出てくるが，これは無視すればよい。
　「奥様は魔女」では簡単すぎると言って鼻先で笑う人には，「**デスパレートな妻たち**」*Desperate Housewives*（Walt Disney Japan）をすすめたい。これはホームドラマであるとともに，殺人事件などが生じて，サスペンスの側面ももつ。話がおもしろいし，よく出てくると思われる表現が多いのでとてもよい。

Chapter 3　聴く力を高めるノウハウ

　この種のホームドラマは数が多いので，自分の好みで選んでいけばよいだろう。また，仲間に聞いてみたり，ノウハウの本を読んでみたりすると，サスペンスものやアクションドラマをすすめる人が多い。飽きずに聴けるところがミソなのであろう。しかし，どちらかというとホームドラマの表現の方が日常的に使える。
　**ジェームズ・スペイダー** James Spader 主演の *BLACKLIST* **シリーズ**（Sony Pictures Entertainment）はスリルに満ちたサスペンスもので，思わずつぎつぎと見て，時間を忘れてしまう。これは season 1 から 3 まで出ている。検索するとわかるとおり，season 1 でも値段に幅があるが，私はかなり安い中古品を入手した。
　また，映画でもよい教材が少なくない。私がとてもよいなと思ったのは，先にふれた**トム・ハンクス** Tom Hanks 主演の**「フォレスト・ガンプ」** *Forrest Gump*（Paramount Home Entertainment Japan）である。これは名作であるが，凝った言い回しがなく，ホームドラマ的な側面もある。ほのかな気持ちとドキドキワクワクとの両方を備えている。
　この種のよい教材を自分で探し出し，そのドラマに満足して楽しめるのも，英語を勉強しようとする動機をもつ私たちの余得である。
　これらのほとんどは有料で千円～数千円程度である。だが最近はつぎに紹介するように，無料でもよい教材がたくさんある。

# ❺ インターネット・You Tube の活用
~お金のいらないすぐれた教材 その1~

　最近の**インターネット**の発達，また You Tube が簡単に使えるようになったこと，さらに映像技術の発達などにより，インターネット上に，英語力をつけるためのとてもよい教材が，それこそ文字通り，ゴロゴロするようになった。こんなことは過去にはなかった。これを使わない手はない。

　You Tube によって，アメリカなど外国の大学の授業が"無料"で聞けるし，大統領をはじめ，有名な人の演説や討論を聴くことができる。少し根性があれば，アメリカの大学の授業，たとえば，Internet Explore で「Sociology You Tube」で検索をすれば，いくつかの大学の社会学の授業を第1回目からはじまって，最終回まで聴くことができる。

　**大学の授業は，先生の発音が明確だし，先生は知識の少ない若者たちに教えるプロなので，できるだけわかりやすく説明をしているところが長所である。**

　もっとも大学の授業を，そこの学生と同じように勉強しようとすると，少しばかり勤勉になる必要がある。本来，授業は原則として1週間に一度だから，その間に先生が指定した教科書

を事前に読むことが前提となっている。したがって,自分でその教科書を入手して予習しておくか,それともわからない内容は目をつむり,聴き取りに徹して授業の理解に邁進するかである。

しかし,わざわざ留学をしなくても,大学の授業のクラスに**無料で出席できる**なんて,いまの時代はとても幸せだ。

# ❻ もっとも推薦する TED 活用法
~お金のいらないすぐれた教材　その２~


　私がとても強くすすめたいのは，ここで紹介する TED というう名前の"講演"Talk である。Internet Explore などのウェブブラウザで「TED」を検索し TED.Com を選択すると，講演者の画像つきの講演タイトルがいくつか現れるので，そのうちの好きなひとつをクリックすればよい。テレビでは，NHKの E テレ「スーパープレゼンテーション」で放映されている。

　TED とはニューヨークに本部のある非営利団体が主催する講演会 Technology Entertainment Design のことである。これではわかりにくいが，Ideas Worth Spreading というサブタイトルがついていて，その意図が想定できよう。とても魅力的な人たちが登場して，それこそ聞き惚れる話をしてくれるのである。TED の試みは 2006 年からはじまったという。比較的最近のことである。

　私は英語力をつけるという動機でこの TED をたまたま見つけた。ところが，それこそ動機はそっちのけで，心に残るとてもよい講演，つまり，いろんな人たちの話を，つぎからつぎへと聴いて楽しんでいる。

Chapter 3　聴く力を高めるノウハウ

　TEDの最大の長所は，どの話にも感動できるということである。いずれも5〜20分程度であり，英語力をつける点でもとてもよい。かなりの数の講演があり，英語の原稿（トランスクリプト）が載っているので便利だ。そのため，とても気に入った講演は，話を聴いた後で，トランスクリプトをチェックして，繰り返しそれを聴くことができることがすばらしい。なお，日本語訳の載っている講演とない講演があるので，目的に応じて講演を選んでほしい。

　たとえばTEDの中からElizabeth Gilbertの*Your elusive creative genius*を選ぶと，画面の中ほどの左に目立たないが，Interactive Transcriptと書かれたボタンがある。そこをクリックするとselect languageのボタンがあり，Englishを選ぶと，つぎのような文章からはじまる英文が出てくる。

> I am a writer. Writing books is my profession but it's more than that, of course. It is also my great lifelong love and fascination. And I don't expect that that's ever going to change. But, that said, something kind of peculiar has happened recently in my life and in my career, which has caused me to have to recalibrate my whole relationship with this work.

これは彼女が語ったとおりに書き起こされた文章である。わかりやすい表現で，一部をマネしたくなるだろう。画面を戻してselect languageのボタンからJapaneseを選ぶと，つぎの文

章が登場する。

「私は作家ですが——書くことは 仕事以上のものです ずっと 情熱を注いできたし——今後もそれは 変わりません と言いつつ 最近変わった体験をしました 公私にわたって……仕事への姿勢を考え直すことになりました」

このようにとてもしっかりした日本語訳が出てくるのである。この英語の文章はやさしいが，私はrecalibrateという単語を知らなかった。知らなくても前後から意味は推測できるから，単語にそんなに神経質になる必要はない。気になるなら後ほど辞書で調べて一時的にでも覚えておくのがよいだろう。

単語については，日本語で講演を聴いても，ひとつやふたつの単語が理解できないとか聴き取れないのは普通だから，それと同じようにあまり気にすることはない。

**それよりも講演全体を理解できるかどうかに力点を置いた方がよいだろう。**

Chapter 3 聴く力を高めるノウハウ

# ❼ もう少しやさしい TED 活用法
~お金のいらないすぐれた教材 その3~

　TED は人に向かって語りかけているから，日頃人びとがよく聞く単語を使いながら，しかも比較的単純な文章構成となっている。

　もっとも先に紹介した Elizabeth Gilbert の話は早口に聞こえて，聴き取りにくいかもしれない。少し聴き取りにくいあたりがよいと思うが，初心者なのでとても聴き取れないという人もいるかもしれない。その人には，つぎのものを推薦する。

　「TED　George Takei」で検索するとよい。彼は「たけい」という名前からわかるように日系人である。けれどもアメリカ生まれ，アメリカ育ちの英語のネイティヴである。

　初心者はこの講演 *Why I love a country that once betrayed me* をなんども聴くとよいだろう。私にはとても魅力的で人生観がにじみ出たよい英語であるように思う。自分もこのように，やさしくて人の心を打つようにしゃべりたいものだと思わせるような英語である。したがって，なんども聴いてその口まねをして，このしゃべり方を自分のものにするのも，ひとつの選択肢である。

これを少しやさしいと判断する人は，彼の話を「シャドウイング」または「聴き取りとチェック」するのもよいかもしれない。画面の左下に play, pause のボタンがあり，止めたり，前に戻ることも簡単にできる。

　もし退屈に感じたらつぎのレベルとして「TED Monica」で検索すると，**モニカ・ルインスキー Monica Lewinsky**, *The price of shame* の講演が聴ける。これは発音がクリアーで，そんなに早口ではない。

　中年以上の方は，1998 年，アメリカのクリントン大統領と彼女との恋愛問題が世界のニュースとして駆けめぐったのを記憶しているかもしれない。2015 年 3 月 22 日のことだが，アメリカのニュース番組，CNN で，モニカが長い沈黙の後に TED で講演したというニュースを流していた。そこで早速 TED で聴いてみた。彼女はアメリカの culture of humiliation について述べていた。それは英語の勉強としてだけでなく，また興味本位ではなく，自分の経験を通じて「情報」というものの社会的な問題点を的確に指摘して考えさせるよい内容であった。日本語訳もあるが，英語のトランスクリプトで十分理解できると思う。

　もっとも，あえて比較すれば，**TED よりも大学の授業の方が少し聴き取りやすい。その理由は，大学の授業は，クセのない英語で，とてもフォーマルな表現がされている**からである。ただ，先にも述べたように，その分野の専門性が入ってくる。

多くのばあい，わからないのは英語力ではなくて，その専門の論理である。すなわち，かりに日本語で聴いても理解できないことが含まれることになる。この問題をクリアーするためには，大学で入門的な科目を探すのがよいかもしれない。

たとえば，「introduction to ○○○○ You Tube」で検索すればよい。試みに，introduction to psychology You Tubeと入れてみた。すると大学の入門的な授業が並ぶ。私はいくつかの候補を試したのち，The Psychology of Love を選んだ。これは授業の動画とパワーポイントの両方が出てくるので理解しやすい。

このような教材を使って，先ほどの3つめのトレーニング法「ストーリー聴き」を実行するのがよいと思う。私たち外国語を勉強する者にとってはとても助かるよい教材である。

# ❽ やさしい授業や講演を探す
～まだむずかしいときは　その1～

　それでもこれらはむずかしすぎるという読者がいるかもしれない。いままで英語にあまり関係のない仕事に専念してきたのがその大きな理由であろう。外国語学習も仕事と同じである。**あたらしい仕事は基礎的なやさしいところからはじめるのが王道である。**

　そのため，自分のレベルに合った工夫が必要である。たとえば，英語の大学の授業がむずかしければ，「high school lecture You Tube」とでも検索すれば，高校の授業に入っていける。私は High School Biology Lectures を見つけた。「生物」に興味があればおもしろいだろう。これらは5～10分程度に区切られた連続授業である。

　これはどうだろうか。「BBC lecture You Tube」で検索すると，イギリスBBCの豊富な講義や講演に入っていける。おもしろそうなものをいろいろ探索してみるとよい。「Better speaking Part 1 | Talk about English | Learning English」などは一度聴いてみるとよい番組ではなかろうか。これはいままでの英語の学習についての考え方を再確認できる内容である。

## Chapter 3　聴く力を高めるノウハウ

「そう思っていた」ということばかりの指摘ではあるが，いろんな国の英語の学習者の悩みも聞ける。自分の英語の勉強のしかたが間違っていないことを確信できよう。

　また，日本人で有名な人の英語を聴きたいなと思ったら，たとえば「Akio Morita You Tube」で検索すれば，ソニー創始者である盛田昭夫さんの英語のインタビューを聴くことができる。この英語力で盛田さんは世界を股にかけたのである。盛田さんの英語はそんなに上手ではないものの，人間味があって説得力があると言われてきた。そういう人の英語とはどんなものだろうと思いながら聴いてみるのも楽しいものだし，論理の立て方を学ぶことができる。

　ノウハウ本のなかには，むずかしいテキストに挑戦した方がよいと指摘する本に簡単に出くわす。それも事実だと思う。けれども，むずかしすぎる苦行をおこなっても耐えられるのは，エネルギーが有り余っている 40 歳代ぐらいまでであろう。

　負け惜しみで言っているかもしれないが，長い目でみればその苦行が本当に最善の方法であるかどうかは，おぼつかないものだ。

　英語の表現がむずかしいと思えば，**躊躇なくやさしい教材を探して，ドンドンと平易な英語の世界に入っていけばよい。**

# ❾ 10分だけ聴き取り
～まだむずかしいときは その2～

　ところで，勉強をはじめたころの意気込みがなくなってくると，実際は30分でさえ，ずっと聴いているのがつらくなる。そのばあいは，先に述べた「聴き取りとチェック」のトレーニング法が意外と役に立つ。数十秒，数分の短いモチーフ（セリフの束）で区切って進めていくので，いつでも数分間休んだり，また中止することができる。

　この短く区切る方法の長所は，自分の気持ちしだいで終了時間をいつでも設定できることである。机に向かうときには10分ほど英語につきあうか，と思ってはじめても，勉強しているうちに，もう少し先に進もうとか，そのときの気持ちで調節できる。それは筋トレに似ていて，10回ほどの腕立て伏せをするつもりではじめてみると，意外に体力があって，もう5回ほど増やそうかと思うのと同じだ。

　**短く区切って聴き取るトレーニング法は，存外，サボることを避けるよい方法である。**あまり勉強をする気持ちがわかなくても，10分ほどのつきあいはできるであろう。

## ⑩ 音読は弱者を救う
~まだむずかしいときは　その3~

　私が今まで述べたいろいろな技術的ノウハウをとりあえずしばらく実行したけれども，それを自分にはつづける根性もエネルギーもないことがわかったという人がいるだろう。その理由は先に述べたノウハウの基本を軽視したからではないかと思うが，それは問わないことにしよう。とりあえず英語力を進化させたいという軽い気持ちだけで，目標も動機も弱いと思う。そんな人はいま途方に暮れているだろう。

　そのような No 根性・No エネルギー派の弱者にも，ピッタリのよい方法が残っている。**それは自分にとって「やさしい英文を声を出してなんども読む」というなんとも単純な方法である**。10ページか20ページの長さの文章をなんども声に出して読むのである。記憶しろとも言わない。ただ，結果的に全文の記憶に近くなるが。

　これは時間のあるときにやさしい英文を声を出して読むだけなので，根性もエネルギーもいらないだろう。ただ，おそらく不安は，そんな単純な方法で英語力が身につくのかという疑問であろう。

試みに，10回ほど繰り返し読むこと，つまり10回×10〜20ページを1セットと呼ぶと，10〜20ページずつ進むことを3セットほど，つまり，50ページほど読み終えた後で，BBCニュースなどの英語ニュースを聴いてみるとよい。「アレ！聴く力が伸びている」と驚くだろう。

　けれども，「そんな昔の香具師（縁日などで弁舌巧みにあやしげな薬などを売る人）みたいなことを言って！」と，この単純ノウハウを信じない人がいると思う。

　ここでは私に代わって英語の権威に登場してもらう必要がある。この本のはじめの方で松本道弘さんが英語の神様と呼ばれることがあると言ったが，その神様が神様と仰ぐ，**國弘正雄さん**がいる。國弘さんは2014年に亡くなられたが，NHK教育テレビの講師などをされて「**同時通訳の神様**」と呼ばれた人である。

　國弘さんは道元禅師の「とにかく黙ってお座り」をもじって，つぎのように言っている。

　「英語に上達しようと志される方には，黙って（文句を言わずに）音読しなさい，ひたすら朗読しなさいと申し上げたいと思います。実はこの朗読ということが，英語にとって一番効果的でしかもお金がかからない，いつどこでも自分自身が主体的に場所なり時間なりを決めて行うことができる（中略），私は朗読こそが安楽の英語上達への道であると主張したいのです」（『英語の話しかた』たちばな出版 1999）と。

國弘さんは神様であるから，この英語の朗読作法を「只管朗読」とむずかしく名づけている。國弘さんはこれを 100 回ほど繰り返すように言っていたように思うが，私は 10 回ととても少なめにすすめている。

そして國弘さんは，この方法よりも，もっと楽に英語が上達するという宣伝があれば，それを信用してはダメだと切り捨てている。國弘さんの尻馬に乗って，No 根性・No エネルギー派の人にこう言いたい。

「英語を上達させるためには，この音読以上に楽な方法はありません」。

外国語にかぎらず，ギターなどの楽器なり，テニスなどのスポーツなり，それなりに上達するには，メチャ・メチャ楽な方法はないということである。

## Coffee Break 4　アマチュアの実力はプロをしのぐ

　どの分野にもプロがいる。野球でも落語でもそうだが，プロというのはさすがで，アマチュアとは明確な力の差がある。

　私は自分の専門分野においてはプロだろうと思う。それに一生をささげてきたし，体力ギリギリに至るトレーニングを数十年間つづけてきた。そしてそのハードなトレーニングを自分に課すことによって，家族など身近な人たちに大きな迷惑をかけてきたところもある。

　ところがそのようなハードなトレーニングを数十年かけたにもかかわらず，そのようなトレーニングを踏んでいない人たちにやすやすと乗り越えられることがある。社会の分析において，ある農民の考え方やそこでかれらが判断した政策が，自分たちプロよりもある面ですぐれていると認めるときがあるのである。

　社会科学分野ではわかりにくいので，演劇で考えてみよう。演劇のプロというものがいる。いわゆるプロの俳優や舞踏家などがそうである。ところが，それよりも深い感動と表現をもつ演者がときにはいるのである。

　沖縄県竹富島での私の経験である。そこでは年に一度，豊作を祈る種子取祭があり，そのとき神様に対しての奉納芸能がある。神様を前にするのだからとても真剣なものである。私がとくに印象に残ったのはシドゥリャニ（あう爺狂言）であった（写真）。これは，長い杖をつきながら，村のひとりの年長者が腰を曲げて登場するところから始まるのであ

竹富島種子取祭での「あう爺狂言」

るが，村として豊作を願う強い気持ちがピリッとした雰囲気を醸し出していて，見る側に思わず襟を正させるだけの緊張感がある。また神社の庭で行われる女性の高齢者を先頭に立てた踊りなど，とても迫力のあるうまい踊り手がいる。これはプロレベルである。

　日頃彼や彼女らは農業その他の島の生業に従事している。一生をかけて演劇や踊りを練習しているわけではない。これはどういうことだろう。

　アマチュアはある条件下では，プロと肩を並べるほどスゴいことができるのである。「神様を前にした夜の神社」という条件がつけば，すぐれた演技になるのである。

　ここで強引に英語力に結びつけたいのだが，BやC，またときにDレベルの英語力であってもある条件をつければ，プロ的なAレベルの英語力をもつ人よりも，魅力的で人を惹きつける表現ができるということではないだろうか。

　たとえば，ビジネスで自分が売りたい商品に心から惚れ込んでいる条件下では，その話はとつとつとしたものでも，説得力にあふれることは珍しくなかろう。こういう事実は，われわれAレベルではない人間への励ましとなる。

# Chapter 4
# 読む力と単語力を高めるノウハウ

# ❶ 辞書を引かずにニュースが読める
～読む力をつけるトレーニング　その1～

　英語の入力（インプット）は，「聴くこと」と「読むこと」であるが，昔のノウハウ本は読むことの大切さを述べて，聴くことはあまり述べていなかった。それは外国語を聴く機会が少なく，読むことだけに頼らざるを得なかったからである。けれども，技術革新は外国語を聴く機会を飛躍的に増大させた。その恩恵については，今まで記してきたとおりである。

　では，入力で大切なもうひとつである「読む」世界において，技術革新がなかったのかと言えば，そうではなく，変化の波が押し寄せてきている。その便利さはやはり利用の価値がある。

　私はタブレットの端末をもっているが，電車などに乗っている時間や，寝る前のベッドのなかで，イギリスBBCやアメリカCNNのニュースを読んでいる。Googleで「BBC news」と入力すれば，その刻の最新ニュースが出てくる。World, Asia, UKなど，対象地域を選択できるようになっている。もちろん，それはコンピューターやスマートフォンでも同様に可能である。

Chapter 4　読む力と単語力を高めるノウハウ

　そこに書かれている英文はとても読みやすい。それほど高度な英語力を要求していない。日本語の翻訳を待つことなしに，それこそ新鮮な情報が手に入るのである。「英文が読める」ことの大きなメリットである。

　技術的に楽しいのは，そこではすでに「辞書を引く」という"古い技術"が不要になっていることである。ある単語にカーソルを合わせれば，たちどころにその単語の意味がわかるのである。たとえば intervention という単語の上にカーソルをおくと，マンガの吹き出しのようにして，「intervention: 介入，介在，干渉，内政干渉」と出るのである。毎日ニュースを読むだけで確実に単語力がつく。

　これは「ポップアップ辞書」を使用しているからである。読者の便宜のために，その設定方法をつぎの Coffee Break で説明しておこう。


　いまやだれでも気楽に楽しく，しかも無料で世界のニュースを読むことができるし，その内容をたちどころに理解できる。

## Coffee Break 5 「ポップアップ辞書」の設定方法

ポップアップ辞書の設定方法を説明しよう。ひとことで言えば，コンピュータやタブレット，スマートフォンで「Google Chrome」（機器に合わせて Windows 版・Android 版・iOS 版のいずれか）を入手すればよいだけであるが，ていねいに記しておこう。

Google Chrome を検索して Google Chrome ブラウザを開く
↓
Chrome をダウンロード  をクリック
↓
利用規約に  同意してインストール  をクリック
↓
ダウンロードを実行，インストールを完了。このとき，デスクトップ上に Google Chrome のアイコンをおくと便利。

ポップアップ辞書を利用するには，Google Chrome の拡張機能を追加する。
Google Chrome のアイコンをクリックして起動
↓
Chrome ウェブストアを選択，クリック
↓
辞書を検索し，たとえば Weblio ポップアップ英和辞典の
Chrome に追加  をクリック。これで OK である。

Google Chrome のブラウザを開くと右肩に  W  のアイコンがあるはず（これを右クリックすれば辞書を削除することもできる）。

Google Chrome から BBC News などを検索して，確認してみるとよい。単語の上にカーソルをおくだけで日本語が現れる。英和辞典を設定したが，英英辞典を選ぶこともできる。

## ❷ やさしい読み物を楽しむ
～読む力をつけるトレーニング その2～

　やさしくて楽しめるものを読めばよい。私の経験では，下のようなやさしい文章を読むうちに，いつの間にか少しずつむずかしい本を苦労なく読めるようになってくる。

　たとえば

　I was very happy when I bought a beautiful cashmere sweater from a small shop in Edinburgh, Scotland.

　あるいは

　She appears as a fictional TV character called Cindy. She has a boyfriend called Enrico. She says, "I love him because he's fat, has no neck, no hair and no brains." Of course, he's a fictional character, too.

などは読んでいて，その一部を使えそうに思わないだろうか。

　この種のやさしくて英文がしっかりして，その上，内容が楽しめる書物は，意識して探せばいくつか見つけられる。好みの問題かもしれないが，私は元の英文を読みやすくリライトした英文の書物はあまり好きではない。元の作者自身の息づかいやリズムがそこにはないからである。だから，作者自身の文章で

それがやさしいというのが私の好みである。

　そしてエネルギーのあるときに，ややむずかしい書物に挑戦してみるのもよいことである。辞書を引き引き，また文法的にわからなければそれを確認するという精読の形をとるだろう。

　やさしい読み物をたくさん読むことは英語のリズムを理解するのに役立つし，そこには書いたり会話をしたりするときに使えるフレーズがたくさんある。少しずつだが，苦労なく読める本の幅が広がってくる。それまではやさしい本を読みまくればよい。読むという作業は，結果的に単語力の増大につながっていく。

## ❸ 多く読むと聴く力がつく
〜読む力をつけるトレーニング　その２（続）〜

　私たち大人は，たんに英語を聞き流しているだけで聴く力がつくとは思えない。どうしても，読む力と単語力でそれをカバーせざるを得ない。読むだけでは「聴いて話す」という英会話から遠いと思えるだろう。そのため，とまどうかもしれないが，心配はいらない。

　試みに前章で紹介した TED の Elizabeth Gilbert, *Your elusive creative genius* の英文トランスクリプトを読んで，わからない単語は辞書を引くという作業，つまり精読をしてから，もう一度，彼女の講演を聴いてみるとよい。とてもよくわかると思う。つまり，聴き取りができないといっても，なんのことはない，読む力と単語力が不足しているのである。

　**読む力と単語力があれば，聴く力がつくということだ。**そのためには，ここで言うように，どんどんと英文を読むのがよい。

　こうした読む力をつけるトレーニング法として，ただ素朴に多くを読むのも有効であり，私が実践しているのはおもにそれだけである。

Coffee Break 6  読む教材はなにがよいか

　やさしい文章で私のおすすめは，ブライアン・ポール Brian Powle のいくつかの作品，たとえば *Amazing World News*（NHK 出版 2014）や *My Humorous Japan*（NHK 出版 1991）などである。じつは先の2つの英文は，*Amazing World News* からの引用である。

　自伝にも比較的やさしいものがある。南アフリカの大統領となった**ネルソン・マンデラ** Nelson Rolihlahla Mandela の自伝 *Long Walk to Freedom*（Little, Brown and Company）はとても興味深く読める本である。マンデラは必ずしも英語のネイティヴとはいえない人だからだろうか，あるいは必ずしも高い教養をもっていない人たちにわかりやすく語りかける必要があったからだろうか，初心者でも読みやすいし，理解しやすく，それでいて内容の濃いよい本である。

　もう少し現代的なところでは，アップルの設立者のひとりとして有名な**スティーブ・ジョブズ**についての伝記はどうだろう。**パトリシア・ラカン** Patricia Lakin の *Steve Jobs: Thinking Differently*（Aladdin）は彼の生き方がとてもよくわかる興味深い本である。シンプルなセンテンスで，あまり英語の本を読み慣れていない人にも，"読破"の経験をもつことができるので，私の強くプッシュする推薦書である。すぐ後にふれるように，読書のひとつに声を出して読む音読という方法があるが，そうしたくなる本のひとつといえよう。

　**マイケル・ゲイツ・ギル** Michael Gates Gill の *How Starbucks Saved My Life*（Gotham Books）も強く推薦したい。

　また，文学作品では，私は**カズオ・イシグロ** Kazuo Ishiguro の *The Remains of the Day*（Faber & Faber）がとても印象に残ったし，このような名作をペーパーバックという安価な出

費で,原文で味わえる幸せを感じた。やさしい英文だし,美しい文章である。

　それはイギリスの1950年代の年老いた執事の話である。Kazuo Ishiguroはイギリス国籍の作家であるが,その名前から推測されるように日系イギリス人である。日系というマイノリティだからこそわかる,イギリス文化のある種の本質を垣間見せてくれる作品のように,私には思えた。

## ❹
# 音読の効果・速読はしなくてよい
～読む力をつけるトレーニング　その3～

　ノウハウ本を読むと，読む力を高める2つのトレーニング法をすすめている。それは**音読**と**速読**である。これら2つは，私は意識しないで，時間のあるときに，あるいは自分の好きな文章に出くわしたときにときたま行っている。先ほど國弘正雄さんを引いて紹介したように，音読というのも，たしかにひとつの有効な方法である。

　遠い昔の経験だが，私が小学生の頃には，日本語の新聞を読むのに苦労をする大人たちが少なからずいた。その人たちは無意識に小さな声を出して，音読をしていた。かれらは経験として，音読をすると頭に入ることを知っていたのだ。

　音読をすれば，「リスニング力やスピーキング力を劇的に伸ばすことが可能です」と指摘するのが，**野島裕昭さんの『「超音読」英語勉強法』**（日本実業出版社　2010）だ。その本のサブタイトルに「留学経験なし！だけどTOEICテスト満点！」とある。

　もうひとつのトレーニング法は速読であり，先ほど引用した松本道弘さんがすすめている。こちらにもおそらく効果がある

Chapter 4 読む力と単語力を高めるノウハウ

だろうが,これはかなりのエネルギーと集中力が要るので,高齢者には不適当かもしれない。

とくに初心者には音読がよい。Bレベルの英語力には,速読はしなくてよいと思う。

# ❺ 単語に30回出会えば覚えられる
~3000語からコツコツ上積みを~

 単語はできるだけ多く知っているに越したことはない。単語はコツコツと覚えていくしかない。困ったことに単語というものは，いくら覚えても簡単に忘れてしまう。簡単に忘れるので，しばしば自分でもイヤになることがある。これは英語学習者の全員が経験することで，それで英語が嫌いになる人もいる。

 けれども，いまその本の名前を思い出さないのであるが，あるノウハウ本でよい指摘を見つけた。**単語を完全にマスターするには，その語に30回出会わないといけない**という指摘である。

 つまりは，30回出くわすまでは，覚えていればラッキーということになる。「この単語はなんども出てきたのだが…」と自分の頭を叩いてみるが，その意味が思い出せなくてイライラすることもある。そのときにこの指摘を思い出して，「君にはまだ10回ぐらいしか出くわしていないネ，あと20回必要だワ」と考え直せば，心がスッと落ち着く。

 もちろん，単語帳をつくれば，単語帳を開けるたびにその単

語に出くわす回数が増えるから，覚える単語は多くなる。私の経験では，単語帳を数回めくり直せばその単語を覚えてしまうから，単語帳からその語を削除することになる。

そして，1年後，ある英文を読んでいると，ふたたびその単語に出くわすのだが，残念なことに思い出せない。しかし，単語帳をつくって6回めくって覚えても，まだ6回目だから忘れるのは当然で，「君はまだまだ若い，あと24回出くわすのが必要だ」と考え直せば，落胆することはない。

だれでもが30回以上出会う単語といえば，bookやapple, tableなどいっぱいあると思う。これらの単語は忘れようと思っても，もう忘れられない。多くの人が30回以上出会った単語は，happen, relationship, environmentなどであろう。かなりレベルのある人では，landscape, pretend, favorite, indifferenceなどの単語が出てきても，30回以上出会ったから，この単語と知人になっているだろう。

単語とはそういうものだ。しかしできるだけ多くの単語と知人になりたいものである。これには努力がいる。

私が好きな文芸評論家に亡くなった**加藤周一さん**がいる。加藤周一さんは英語だけでなく，ドイツ語とフランス語でなんの苦労もなく議論をし，講演ができる人であったと聞いている。私から見れば，近寄りがたい語学の天才に思える。

けれども，彼はある対談で，自分は電車の中で単語を覚えるようにしていると発言しているのを読んだことがある。読んだ

ときにチェックをすればよかったのだが，そのとき加藤さんは60歳ぐらいだったのではないだろうか。このような人でも単語を忘れないために努力をしているのだと感じ入ったものである。

　ではどのぐらいの数の単語を覚えればよいのだろうか。これは目的によって異なることは容易に想像がつこう。言語学者の**千野栄一**さんは，英語にかぎらず，どの言語も3000の単語でテキストの90％がわかると指摘している（『**外国語上達法**』岩波新書 1986）。そして後の10％に関しては，辞書を引けばテキストを読んでいける。後の10％はめったに出てこない単語だという。極端にいえば10年に一度しか出てこない単語などもあるということである。

　**この3000語はBレベルの英語力の目安としてよいと思う。**ただ，経験的に言うと，寝転んでペーパーバックの本を楽しむにはこの数では少なすぎる。**3000語からコツコツと上積みをするしかない。**

# ❻
# 電子辞書・単語帳の活用法
~私の単語の覚え方~

Chapter 4　読む力と単語力を高めるノウハウ

　私の最近の単語の覚え方を紹介しよう。中学生や高校生の頃は，カード式の単語帳をつくって覚えていた。これは学校で奨励する方法だったのだろう。多くの人が経験していると思う。

　ここ十数年は，私は**電子辞書**を使っている。電子辞書はカシオ製などの2～3万円の機種をはじめとして，中高生にも広く利用されている。

　ふつうこの種の電子辞書には，「単語帳」というメニュー欄がある。引いた単語を覚えようと思うと，この**「単語帳」のボタンを押すと，その中に登録される**。電車の中や朝起きたベッドの中など，中途半端な時間があるときに，この単語帳を開いて覚える。かつてのようにカード式単語帳をつくらなくてすむようになったのが，電子辞書の長所である。また，カード式単語帳には意味がひとつしか書き込めなかったが，電子辞書の単語帳には発音記号や例文もあるので，とても便利である。

　ノウハウ本によると，なるべくならば英英辞典の使用がよいとサジェスチョンをしているものがある。後で述べる英語の回路論から見ても，理想的にはそうであると思う。けれども英語

の初心者の尻尾をひきずっている私は，英英では単語がうまく覚えられないので，英和の単語帳にしている。ただ，日本語訳よりも英語の方がニュアンスがわかりやすいばあいなど，単語によっては英英にしている。

　また，この単語帳に和英を混ぜることもできる。つぎの章で，あらためてくわしく述べるが，電車に乗っているとヒマで，たまたま隣の人がだれかとしゃべっていると，私はそれを聴きながら同時通訳的に心の中で翻訳を試みる。これはけっこうおもしろい。

　ところが最近，その会話のなかで，「乱視」という言葉が出てきて私は訳せなかった。そこで，電子辞書を引いて，乱視 astigmatism という単語を加えた。乱視という言葉は日本語ではよく出会うのだが，英語ではあまり使わないのかどうか，私はおそらく astigmatism という単語にはじめて出くわしたのである。

　いままで聴いたこともないあたらしい単語に出会い，発音記号を見ても，どんな発音をしているのか確信がないときがある。そんなときは，コンピューター上で **Weblio 英和辞典** を使うとよい。このサイトの利用は無料である。私はデスクトップ画面上に Ⓦ のショートカットアイコンを置いている。

　たとえば astigmatism と入力すると，その日本語訳が出てくるが，その右に「クイック再生」というボタンがある。それをクリックすると，astigmatism の音声が出てくるのである。

Weblio辞典のサイトにも「マイ英単語帳」の機能があり，電子辞書の単語帳と同様に活用することができる（一部有料）。

いずれにしろ，**単語の記憶には自分で声を出して正しく発音することが大切である**。声に出して発声すると，それは自然に耳で聴くことになる。**目と口と耳という，自分のもつ体の器官を総動員しよう**。

# ❼ 単語力は語源と勘で
〜割り切るのもひとつの覚え方〜

　英語を中心とした電子辞書には,「語源辞典」か「語義イメージ辞典」がついている。たまたま時間と根性のあるときにこの種の辞典で, やや覚えがたい単語や, その単語の語源を探ると覚えやすい。コンピューターを使うばあい, 無料の Online Etymology Dictionary があり, これも私はデスクトップ画面上にショートカットアイコンを置いている。

　日本語のばあいでは, むずかしい漢字を使ったあたらしい単語に出くわしても, なんとなくその意味がわかるのは, サンズイがついていれば, 水に関わることだとか, 文字の形の特徴で, 意味が推測できるからである。欧米人と違ってラテン語の知識のない私たちは, 語源辞典で意味を推測するしかない。この種の辞典はわからない意味を推測するのにとても役立つ。

　私たちは日本語の会話や会議中でも, 特定の単語だけではなくて, ひとつのセンテンス全体をスポッと理解できないときもある。けれども, 日本語のばあいはあわてないで, 推測力を働かせてその場をしのいでいる。英語でも同様に勘を働かせればよいのである。

Chapter 4　読む力と単語力を高めるノウハウ

　私は先の TED の紹介で,はじめて聴いたときに recalibrate という単語がわからなかったと書いた。この re は語義として「再」という意味があることは多くの人が知っているであろう。Elizabeth Gilbert が講演のなかで recalibrate と言ったときに,そこで私はあわてず騒がず瞬間的に,前後の文脈から勘を働かせて「エッ？エッ？　再考する？」と勝手に理解をしていた(厳密に言えば,「再考する」という日本語が頭のなかに浮かんだのではなくて,そのようなニュアンスで英語を聴いているのだが)。

　後でこの単語を調べてみると calibrate(調整する)に re がついたものだから,「再検討する」あたりの理解が正解だが,「再考」でもけっこう近い意味となっている。単語というのは,いつまでたっても知らないものに出くわすのが常態であるから,**単語の意味に対する推測力や勘は,とても大切ではないだろうか。**

　また,少し英語を小馬鹿にした考え方かもしれないが,わからない形容詞は文脈で good か bad に言い換える。動詞は文脈で適当に do, get, take, change などの基礎単語に置き換えて理解してしまうという暴挙も,苦しまぎれのときにはよい方法である。

　これは私の独創ではなくて,先ほど紹介した村上憲郎さんの**『村上式シンプル英語勉強法』**から学んだ。おもしろい割り切り方なので,ここに紹介しておこう。

村上さんは言う。「名詞を説明する形容詞には《いい》か《悪い》しかないと割り切ってしまいましょう」と。私は村上さんのこのようなシンプル化の指摘に感動した。ただ実際は，私自身はそんなにこれを実行していない。日本語の会話や文章と同じように適当に勘で推測して，おおよその理解をしたり読んだりしている。

　勘を働かせ，それを強めることは，出会う単語数を増やすのと同じぐらいに大切である。そして，その勘をあまり狂わせない助けとなるのは，語源や語義への理解である。

# Chapter 5
# 発音と話す力を高めるノウハウ

# ❶ 明瞭で正確な発音
～美しい発音はあきらめる～

 とても明瞭でわかりやすい発音をする人がいる。ラジオやテレビの英会話の先生の発音が明瞭でわかりやすいのは，その道のプロだから当然であろう。また，BBC や CNN のニュース番組の司会者やキャスターも発音が明瞭である。それに対して，これらのニュース番組に登場する政治家，評論家，活動家，地元の人たちなどの発音は千差万別で，とてもわかりやすい発音をする人もいれば，逆に理解が困難な発音をする人もいる。

 けれども，これらのニュース番組は国際的なので，アフリカ人の英語，アジア人の英語など，多様な英語が聞ける楽しみがある。とくに基礎的な文法さえも間違いながらも，現場の事実を伝えようと懸命になっている人たちの英語を聴いていると，文法や知らないことや，単語ごときでクヨクヨする必要のないことを教えられる。

 また，明瞭でわかりやすいのとは別に，美しい発音というか発声をする人もいる。このようなことは，英語にかぎらず，日本語でもある。とても美しい声で明瞭に発音する人は，私にはうらやましい限りである。

## Chapter 5　発音と話す力を高めるノウハウ

　私が勤めていた大学院の研究室に東京外国語大学の英語科を卒業した学生が入学してきた。あるとき，彼女が英語で話すのを聞いて，とても美しい英語だな，と感心した。東京外大のすごさなのか，彼女の固有の能力なのかどちらかわからないが，日本人の発音でも，美しいなと感じさせる人はいるものだ。

　この美しさは，かなりその人個人の能力にかかわっているようである。それに対して，とても外国語が上手なのに，なにを言っているのか聞き取れない人がいた。それは私の友人で，韓国人である。韓国の大学で日本語の教授をしている。私などが聞いても，外国人とはわからないほど完璧な日本語であり，それだけでなく，日本文化についてもとても造詣が深い。

　けれども，致命的な欠点は，早口で口の中でモゴモゴと発音するクセがあって，すごく注意して聞かないと，言っていることを聞き逃すのである。それであるとき，この友人の大学の同僚に尋ねてみたら，あの先生は母語の韓国語をしゃべるときも，私たちにはなかなか聞き取りにくいのですよ，ということだった。韓国の大学でこの友人に日本語を習っている学生たちはきっと，日本語の発音や聴き取りはとても難解と確信しているだろうと想像すると，少し笑いがこみ上げてきた。

　そこで私の単純な結論である。母語がクリアー（明瞭）で美しく発音できない人は，外国語もクリアーでなく，美しい発音もできないだろう。美しい英語の発音は能力上あきらめるとして，明瞭さはとても大切なことだから，**まず日本語からクリ**

アーにしゃべることが大切なのだ。英語だけがクリアーになることはないということだ。

　Ｂレベルを目標とする私たちは，美しい発音はとりあえずあきらめざるを得ない。それよりも，できるだけ正確な発音をしたいものである。私たちが会話をする相手に，できればよけいな労力をかけさせたくないからである。
　したがって，後で述べるように発音を教えてくれる教材に一度は挑戦していただきたいものである。

Chapter 5 発音と話す力を高めるノウハウ

# ❷ 日本語と英語の発声の違い
～鼻や胸が震えているか～

　私は関西で育ち，関東で長らく教鞭をとっていたこともあって，関西弁と関東弁（俗にいう標準語）との間につぎの差異があることに気がついた。関西弁と関東弁では個別の単語の発音の強弱，高低が異なる。その差異を支えているのは，その個別の単語の発音というよりも，発声法であるという事実である。

　発声は口と鼻と喉と胸を使うが，関西弁は口の奥と鼻のあたりが音の生じる場所である。それに対して，関東弁は喉の下の方である。つまり関西弁は鼻に近く，関東弁は胸に近いところで発声をする。その結果，関西弁は音が高く，関東弁は低く聞こえる。ホーという音を出しながら，両者の音の位置を確認していただきたい。

　そのあたりを試した後に，鼻につながる口の奥あたりで発声しながら，

「そんなアホなこと言うてたらあかんワ」

と言うと，きれいな関西弁になる。

　また，胸に近いところで，

「そんなバカなことを言っちゃあダメだよ」

と言うと、これもきれいな関東弁になる。

　関西弁では「朝日新聞」と明確に発音できるが、関東弁では、力を入れないで発音すると、アサシシンブンとなってしまう。関東風の発声では、ヒがやや発音しにくくなるのである。

　このような横着は英語のネイティヴにもある。ＴとＤとＬは同じように歯の裏に舌をおくので、横着なネイティヴが、力を入れずに発音すると、Yes, it is. と発声したときに、しばしば Yes, id is. と聞こえる。

　英語にも同じように固有の発声のしかたがある。英語は関東弁よりもさらに下、胸に発声の泉がある。そして、胸から生じた空気（音）が、喉を震わせながら、日本語のように喉から直接に口に行くコースをたどらないで、鼻を経由して外に出て行くとイメージすればよい。そう思いながら、吐く息で音を出しつづけながら、息を途中で一度も吸わずに

That is the point I would like to say.

（ザッツ　ズ**ポォイン**　アイ　ゥド　ライク　タァ　セイ）
と発声する。そうすると、あえて無理をしてカタカナ書きをすると上に似た発音になっているだろう。ポォインのゴチックは強調である。発声法からこのような発音がしやすいのである。

　つぎの文を同じような気持ちで、途中で息を吸わないで、息を吐き出すだけで一気に発音してみると、どうだろうか。試みていただきたい。音はつぎのようになっているだろう。

He is a good batter.

## Chapter 5　発音と話す力を高めるノウハウ

（ヒザァ　グル　バラー）

batterは力を入れるとTの発音ができるが，力を抜くとLの発音になって，ballerとなってしまう。それは先ほど述べたように，発音する舌の位置がLとTが同じで（L, T, Dの3つが同じ），Tのばあいは歯の裏を舌でパンとはねているからで，横着に舌をつけたまま発音するとLになる。TとLは舌の形が近いためである。LとRの方が舌の位置は離れている。Rは舌が巻いて後ろの喉の方に行くからである。

このような発声法をすると，先の文のpointのtやlikeのk，また後の文のgoodのdなどは，意識しなければ飛んでしまって，音としてほとんど出ていないことがしばしばある。ただ，この発声法を身につけると，どういうわけか，他人がしゃべるときの飛んで聞こえない音が聞こえるのである。

そんな魔術師のようなことを言うとわかりにくいので，日本語で例を出そう。関東弁で「まぁ，そうですが」と言ったとき，私は「Ma a Sou de s ga」と「す」を子音のSだけの発音をして母音のuを飛ばしている（自分では発音しているつもり）。けれども，日本人はだれでもそれをSuと聴いているのである。関西弁では「Ma a Sou de Su ga」とSuのuを明確に発音する。それぞれの発声の位置によってこのように変わるのである。つまり，発声の違いにより，個別の単語の発音は変わるのである。

自分の発音が日本語発音か，英語発音かを区別する簡便な方

法として,

A great number of people gathered there.

で, テストをしてみよう。

number of people

と口に出して発音してほしい。nとmがあるので, number で強く鼻が震え, people では手をあててみて喉のあたりで震えていたら, よい発音である。

それに対して, この文を意識的にカタカナ読みのつもりで日本語発音をしてほしい。まったく, 鼻も胸もほとんど震えなかったら, "正しい"日本語発音である。

通常は, 少しだけ, 英語発音をしているはずだが, それでは不合格で, **もっと強く鼻と胸が震える発音をつねに心がけるとよい**。people であまり喉の下が震えなかったら, 吐く息が弱いのでそれを強めるようにすればよい。また, ピープルではなくて, ピーポーのような発音になっているはずである。

それがうまくいくと, あわせてつぎの

gathered there

を発音してほしい。gathered there では今度は胸が震えていることがわかるだろう。これで OK である。

繰り返すが, この**基本的な発声法**を身につけると, あまり苦労なく英語的な発音をしている自分に気づく。また, 他人の英語が聴き取りやすくもなる。

Chapter 5　発音と話す力を高めるノウハウ

# ❸ 英語発声法の原理
~喉や胸を響かせる~

　こんなふうに関西弁や関東弁，そして英語の発声法について考えているときに，私はとても説得的なよい書物を見つけた。それは**西村喜久さんの『西村式ヒアリング大革命』**(明日香出版社 1987) である。

　この本は基本的には私がいま説明してきたことと同じようなことを言っている。ただ，私は会話の発音のために考えてきたのであるが，この本は聴き取りにたいへん効果があるという，ヒヤリングのための発声法なのである。それがスゴイと思う。

　私も，このような発声法を身につけると，どういうわけか，結果的に，他人の英語が聴き取りやすくなると気がついてはいたが，それを標榜し，ノウハウ論として洗練させているところがこの本の魅力である。

　西村さんは言う。「英語の音のベースは息なのです。吐く息，吸う息の音──これが英語のベースである」。そして「英語の音はｈの音からはじまる」として，どの英米人の発音もこもったような音に感じられるのは，〔h + 有声音〕だからだと指摘する。

私はナルホドと思った。ただ，私のばあいは，発声法としてhよりもthatのðという音を自分の経験から選んでいる。

　上の歯と下の歯で唇の先を少し挟む感じでthat is aとでも発声すると，やや低めの英語の音が出て，以降の英語らしい発声の準備ができてよいのである。

　もっとも，白状をしておけば，私は日本での講演（日本語）などで，手許のレジュメのペーパーの上に，「ゆっくりと低い声でしゃべる」と注意書きを入れておくことがあるのだが，いざ舞台の上に立つと頭が真っ白になっているらしく，このような注意書きを忘れてしまうのが常である。

　さらに最近，とてもスゴイと思える発声法を唱える人に出くわした。上川一秋さんの英語喉という考え方だ。上川さんのYou tubeは多いが，私は晴山陽一さんが登場するのを最初に見るのがよいと思う。

　パソコンで「You tube　英語発音指導実況　晴山」と検索すれば，この英語発音指導実況【#2】が出てくる。英語は喉で発音するとよいという事実がこの実況でよくわかる。口の動きはそんなに気にしなくてもよくて，喉を使った発声法がキモであるという考え方でとても説得的である（上川一秋，ジーナ・ジョージ『英語喉』三修社2007）。

　ここで紹介した発声法はとても魅力的で学ぶ価値がすこぶる高い。ただ，うまく発音するように喉を変革するのはむずかしいと思う人には，つぎのような方法をすすめたい。

Chapter 5　発音と話す力を高めるノウハウ

　じつは日本語の発声のしかたには，息を前に吐いてしゃべる（ぼけた発音になる）のではなくて，頭の後ろ30センチほど斜め上に向かって発声すると日本語がクリアーになるという手法がある。たしかに試してみるとそうである。

　そこで，英語はどのあたりかな，と考えてみると，発声する口や喉のあたりから前方30センチほど斜め下の仮想の面に向かって切れ目なくしゃべると，ナント，英語らしい発音になる。へそ先20センチあたりである。

　Yes, it is. と発音すると喉の下部と胸が響いているのがわかるだろう。もし響かなければ，2～3回繰り返して響くように試みればよい。響けばそのあたりが望ましい発声点である。


　もっとも"そうは言うものの"実際にいざ英語でしゃべると，このような発声の注意はきれいさっぱり忘れている。けれども，このような英語発声法の原理や考え方に基づくトレーニングは必要であることは納得していただけると思う。

　喉は一種の「楽器」であって，息の吹き方で音色は変わるのだと考えるとわかりやすいだろう。

# ❹ 英語回路に切り替える
〜話す力をつけるトレーニング　その1〜

　ある脳にかかわる本で，脳のなかでは，それぞれの言語が固有の空間的位置を占めていると述べられているのを読んだことがある。つまり，日本語と英語は脳のなかでゴッチャになって存在しているのではなくて，言語をつかさどる領域のうちに，日本語領域と英語領域が別々にあるのだそうだ。

　この領域説は科学的に事実なのだろうけれども，私は**塩田勉**さんの「**外国語回路**」説（『**おじさん，語学する**』集英社新書2001）の方に同調している。その方がわかりやすいのである。

　日本語には日本語固有の回路があり，英語には英語固有の回路がある。そのため，英語で考え表現しているときには，日本語が入る余地がないし，日本語で考え表現しているときには，英語が入る余地がないという理解で，両方を両立させるというのは不自然でうまくいかないという考え方である。

　塩田さんはコンピューターの回路のような言語回路を実行しているときは，それをモードと言っている。塩田さんはフランス語と日本語を例にとりながら，つぎのように言う。

Chapter 5 発音と話す力を高めるノウハウ

「不思議なことは，日本語モードにあるときは思い出せない単語が，フランス語モードに入ると，イタコ（巫女）みたいに口から出てくることだった。日本語回路にあるときは，日本語とペアになった単語，対訳対照表にして頭に入れた単語しか思い出せない。あやふやに覚えた単語は出て来ない。しかし，フランス語回路に切り替わると，日本語とペアを組んでない単語，つまり，いい加減に聞き覚え，日本語で意味が確認できていないフランス語，いわば潜在意識にぷかぷか浮かんでいる単語が，知っている単語にぶらさがって浮かび上がってくる」

と，とてもうまい表現をしている。

私はこの回路の考え方を支持したいと思えるような類似の経験をしている。本来の目標であった日本での国際会議が終了したあとも，70歳の私は，さらに少しずつ英語力が伸びつづけた。

そしてあるとき，外国の大学で，同じ日につづけて英語で授業をする経験をもった。2時限目の授業がはじまるときに，たまたま日本語学科の先生が顔を出してくれたので，大学の担当者が気を遣って，「先生が望むならば，日本語で授業をして，それを通訳することも可能ですよ」と言ってくださった。ところが，私の頭はすでに英語回路（英語モード）になっているので，そのときの実感では，日本語で授業をするよりも，英語で授業をする方が楽になっていたのである。

これは私自身がビックリすることで,もちろんはじめての経験だった。「日本語よりも英語の方が授業がしやすい,なんて！」と心のなかで驚いた。
　1章で述べたように私の英語力はBレベルなので,回路をそう簡単に変えられない。英語回路で気持ちがすでに集中していたからである。とくに,授業のばあいは英会話ではなくて英語でのひとり語りで,人を魅きつけつづけるためにある種の集中力をともなっている。それで,よけいに回路の切り替えがむずかしいのであろう。もしAレベルの英語力の人なら,回路を簡単に切り替えることができるかもしれないのだが。

　たしかに,このように言語回路というものはある。したがって,英語の勉強をするときにうまく英語回路に切り替えるクセをつけると,英語力を高めるのにとても役立つということだ。

Chapter 5 発音と話す力を高めるノウハウ

# ❺ 英語回路で論理立てる
~話す力をつけるトレーニング その2~

　私が「英語回路」の考え方で言いたいのは，日本語でも固有の論理回路があるように，英語にも固有の論理回路があることである。平たく言えば，それぞれに文化があるということだ。たとえば日本語の伝統的なあいさつでは，まず「その日の天気の善し悪し」から入り，ついで「時候や作柄」，そして「相手の家族の健康」などに話題をつなぎ，それから本題に入るのである。

　現在はそこまで極端ではないけれども，日本では本題に入るまでに少し時間がかかる。興味深いのは，私の社会科学の分野では（おそらく人文系もそうだろう），日本語の論文と英語の論文では本題が出てくる早さが違う。日本語の論文では，状況を述べる文章がしばらくつづいてから，「そういうことで」となってから，さて「あきらかにしたい目的は」と本題が出てくる。それに対して，私たち日本人には味気ないかもしれないが，英語の論文は単刀直入に本題から入る。

　それと同じで，たとえば，

I agree with you.

と，まず自分の意見を明示する。相手のよいところをさらに言いたいならば，

Especially, the impressive points you have said are that 〜
とつづけていけばよい。

また，異なる意見を自分がもっていたら，

I am not able to agree with your opinion, because 〜
と自分の意見を言ってから，その理由を述べていけばよい。英語の構文がそのような順序になっているので，頭で自分の意見を明示するとスラスラと英語での話が進みやすいのである。

そこを，日本語の言語回路で述べようとすると，なかなか自然な英語のセンテンスが出てこない。そしてだんだんと自分がなにを言っているのか自分でも混乱してしまうのである。

「みなさんにはいろんな意見もあるかと思いますが」というような，日本語的発想からはじめると，

There are several opinions among us, I suppose, but 〜
などという，あまり迫力のない学校の英作文的英語からはじまって，だんだんと泥沼にはまっていくことになるのである。

英語の回路で論理を立てれば話しやすい。英語で議論や会話をするときは，最初に自分の意見を言って，それからその理由や状況を説明すると，とても英語的でしゃべりやすい。

## ❻ 英会話を乗り切るコツ
～話す力をつけるトレーニング　その3～

　外国語の会話を交わすのは，それなりにエネルギーがいるものである。会話の苦労話はあちこちで耳にする。それにはいろんなノウハウが指南されている。

　しゃべっているときに英語の単語が思い出せなかったり知らなかったら，ビビらずに，その単語を日本語で言えという教えなどはおもしろい。これは無茶なようだが，フランス人がわからないところをフランス語で言うのは，しょっちゅうあるし（フランス人はフランス語を世界語と考えているからかしら），討論のなかでギリシャ人がギリシャ語で補う場面に出くわしたこともある。

　私の専門の世界では，国際会議で，たとえば「家」という単語を family と翻訳せずに Ie という表現で通すことがある。それは日本の家というものは，世界の常識ほどは，血縁性が重視されない伝統があり，簡単に養子を入れたり，家の構成員が全員亡くなっても家が存続する。ある村でA家のおばあさんが亡くなって人がいなくなると，村の人は夫婦養子などを探してきて，A家を継がせる。それまでは，A家の先祖はいるもの

の生きている家成員はいない。適任者を見つけるまでに10年ほどかかることもある。

　そんなことで、あえてIeという日本語で通すのである。これは専門分野の厳密さから意図的にそうするのだが、ここで言いたいことは、現在の国際化した世界では、他の言語が混ざることはめずらしくないことである。ふつうはわからないと思ったら、相手が推測してくれるし、その思い出せない言葉を補ってくれることが多い。

　私の友人で、英語は簡単だ、わからなければWhat should I say? と言えばよい、と豪語している者がいた。そうすれば相手が補ってくれるからだろう。彼はあまり英語力はなかったので、1分間に一度はこのセリフを言わなければならないのではないかと危惧したが、彼は平気なようであった。

　別のコツとして、**勇気と自信をもってしゃべろう**とすすめるノウハウ本もある。これはまったくそのとおりだが、それがもてないから苦労しているのが本音ではなかろうか。これは自分は英語ができないという潜在的コンプレックスが災いしているのだろう。「お酒を飲むと、英語でスラスラとしゃべれる」というのはコンプレックスが麻痺してしまうからかもしれない。

　この勇気と自信を喪失させた犯人は、私は受験英語教育だと信じている。間違うと「出来のよくない生徒」となったのだから。そのため、私が片言のモンゴル語をしゃべるときには、なんのコンプレックスもない。受験モンゴル語はなかったからで

Chapter 5 発音と話す力を高めるノウハウ

ある。だが，犯人がわかっても，勇気と自信がおのずから出てくることはない。

　ノウハウ本で，その解決法として**十分な事前準備をすればよい**，というのと，**いつも英語でしゃべれる話題をいくつか用意**しておくのがよいというのもよく見かける。それぞれ納得できるもっともな指摘である。

　ただ，私がいつの間にかこの問題を少しは解決できるようになったのは，本書で述べるように，「**語学はまぁまぁ**」「**言葉の厳密さはほどほどに**」でよいという考え方が身に染まっているからである。

## Coffee Break 7　発音と話す教材はなにがよいか

　発音にとても熱心なノウハウ本があって，ひとつひとつの発音の違い，たとえば bus（バス）と bath（浴室）の s と th の発音の違いについて，ていねいに教えてくれる。それも大切なことだろう。

　他方「発音はあきらめましょう」と指摘するノウハウ本もあった。もちろんその意図は，「発音はでたらめでよい」と言っているのではなくて，もっと大切なものがあるからである。すなわち，完璧な発音は日本人には無理だから，そこにエネルギーをそそぐな，ということである。この指摘には，気持ちとしてずいぶん救われる。

　私は少しやる気があるときには**「発音検定」**（プロンテスト社）を利用している。これは2万5千円ほどするコンピューター・ソフトである。高額のソフトを紹介して恐縮だが，これひとつあれば，発音は OK といえるかもしれない。これはコンピューターに接続したマイクで自分の発音を録音して，そのどこがダメかを指摘してくれる便利なソフトである。

　もっともこんな高額のソフトを利用しなくても，日頃気にして発音の練習をつづければそれなりの進歩ができるし，それでよいともいえるだろう。欲を出すとするならば，このソフトがよいという程度の推薦である。それこそ，映画・ドラマなどで俳優がしゃべるセンテンスを，その発音どおりにまねるだけでも，よいトレーニングになる。いわゆるシャドウイングである。

　なお，日本語発音と英語発音の違いを身を以て感じさせてくれて，その修正がしやすい教材としては，市販のＤＶＤ**「UDA式30音トレーニング」**（アデュー）をすすめる。

　すでに述べたように，英語は聴くこと・読むことの「入力」が大切である。けれども，やがて話すこと・書くことの「出力」も

Chapter 5　発音と話す力を高めるノウハウ

意図的に鍛えたいと思うときがやってくるだろう。
　そのときにすすめるのが森沢洋介さんの『どんどん話すための瞬間英作文トレーニング』(ベレ出版 2006) である。これは中学生レベルの基本文型を使った表現を瞬間的に話せるようにするためのトレーニングで，これをマスターすればけっこう役立つ。
　たとえば
「彼はたくさんの本をもっている」
という日本語の文のつぎに，答えとして英語の文がある。
He has many books.
また「あなたはいつ日本を出発する予定ですか」は
When are you going to leave Japan?
が答えである。これらの文章がとっさに口から出るように練習するトレーニングである。
　それらの例文は学校の試験のようにゆっくり時間をとればだれでもできる簡単な英作文である。けれどもキモは，それを瞬間的に言えるようにするところにある。つい He have と言ったり，many book と言ってしまったりするのである。繰り返しのトレーニングでそれらの過ちが少なくなる。
　これらを利用しながら，私は日頃，気が向いたときにほどほどに発音練習したり，話す力をつけるトレーニングをするのがよいという，大いに中庸な立場である。

# Chapter 6
# 書く力と文法力を高めるノウハウ

# ❶
# 日記のすすめ
～書く力をつけるトレーニング　その1～

　書く力をつける**一番のおすすめ**は，2～3行でもよいから，**日記を書くこと**である。その日に起こったことや，たまたまおもしろいと思ったテーマ，また自分の意見など，なんでもアリ，である。

　書くことは表現することなので，出力（アウトプット）である。私は聴くこと，読むことの入力（インプット）の大切さを強調してきたが，その**インプットの成果の仕上げとしても，書くことは大切**である。もっとも"成果の仕上げ"と言うと，インプットのトレーニングを長くした後にアウトプットをはじめる印象をもたれるかもしれない。けれども実際は，ほぼ並行しておこなうものである。聴いたり，読んだりすると，結果としてアウトプットとして書く文章がだんだんとよくなってくる。

　日本語のばあいも同じで，私は学生たちの文章を読む機会が多いが，「よい文章だな」と思う学生に聞いてみると，必ずつぎのふたつのうちのひとつか，あるいは両方にあてはまる。それは「日記を書いている」か「読書家である」という事実である。長年の経験でも，これは例外なしだ。

Chapter 6　書く力と文法力を高めるノウハウ

　先生の指導なしに日記を書いても，文法的な間違いに気づかず，進歩がないと不安に感じる人がいるかもしれない。そんなとき，「少しだけ心配する」程度に頭をとどめるのが長続きするコツである。"少しだけ"という意味は，少しだけ心配すると，文法がそれこそ"少しだけ"気になるようになる。そのことで，必要に応じて文法書やインターネットをチェックするようになるのである。

　たとえば，高等学校で習ったような有名な例を引いてみよう。
　　今日，友人の吉川に会ったら，「オレはタバコを止めたんだ」と言ったのを思い出して，それを日記に書こうとして，なにか学校でふたつの区別を習ったな，「タバコを止める」のと，「タバコを吸うために立ち止まる」との違いがあったけれども，どうだったっけ。

　このようなことがあって，インターネットの英文法サイトでチェックすると，通常，つぎのような解説がある。

Stop「やめる，立ち止まる」
・stop to 〜「〜するために立ち止まる」
　He stopped to smoke.
　「彼は，タバコを吸うために立ち止まった」
　stop の後ろに不定詞が置かれると，不定詞は名詞的用法の「たばこを吸うこと」ではなく，副詞的用法の「たばこを吸うために」という意味になります。

・stop 〜 ing「〜することをやめる」

He stopped smoking.

「彼は,たばこを吸うことをやめた(禁煙した)」

(「参考書より分かりやすい英文法解説」HP)

このようなチェックを通じて,つぎのように日記に書くことができる。

Yoshikawa stopped smoking.

また,日記を書いていると,つい最近読んだものに出てきた,あたらしい単語を使いたくなる。

たとえば,

Today, I was very busy.

と日記に書いたとしよう。これでよいのだが,あたらしい単語を使うということで,

I was extremely busy today.

と表現したら,なんだか少し賢そうになった感じで,満足感をあじわえないだろうか。

さらに,日記を書きつづけていると,**書いたことを容易に口に出して言えるようになる。会話力が増してくるのである。**

書く力,すなわち話す力がついてくると,先の文例の表現をするときに,いつも very ではさみしくなってくる。たまには unusually とか,particularly という表現を使ってみると,遊び心が出て楽しいだろう。もちろん,いつも very と very, veryの2回繰り返す表現ばかりで済ませるのも,愛嬌があって,別に悪いわけではない。

　人によっては,英文を書くのは最初は気が重いかもしれない。だが,**間違った文章でもよいと思って,気楽に書くのがよい**。私たちは日本語さえも,文章にすると驚くほどよく文法的なミスをするものである。

　少しだけ気にすることで,少しずつミスを減らすことができる。**大切なことは,言葉は科学ではないので,厳密である必要はないという信念である。「言葉の厳密さはほどほどに」**という考えを保持することは貴重である。

# ❷ ストーリーを想像する
～書く力をつけるトレーニング　その２～

　書くことはいろんな勉強になるのでよいことだが，必要に迫られなければこの作業はかなりつらいこともある。そこで簡便であって，効果のある別の方法を編み出す必要がある。それが**想像力**である。**日常の出来事を頭の中で英語でイメージする**といえばよいだろうか。

She seemed very unhappy. Then I decided to give her candies.

とか，ちょっとしたあき時間にこのような表現を思い浮かべるのである。想像力を膨らませながら，どんどんストーリーをつくっていくのであるが，もちろん少し考えて，別の表現をしてみる気持ちがあると，それはそれでよい（つまり書き直しにあたる）。先ほどの文章をつぎのように書き換える遊びも楽しいかもしれない。

She seemed so unhappy that I decided to give sweet candies to her.

　人間というものは，しゃべっていないときにも，なにかを考えつづけているようだ。公園で座っているときも，電車で揺ら

れているときも。その考えは日本語でなされている。それをときに**意識的に英語で考えてみると**,なかなかおもしろいものである。

その応用が前にも述べた,**電車の車内などで隣の人の会話を同時通訳的に英訳する**ことである。おばさんたちの会話は驚くほど日常的で簡単な内容なので,楽しめる。人間というものはふだんこんなに単純な話をしているのだと感心する。

さあ,こんなことをしていると,これはもう自分との英語の会話というか,人に向かって英語でしゃべるのと紙一重の違いである。**いわゆる英会話が簡単にできるようになっているので**ある。

# ❸
# 論文を書く
～書く力をつけるトレーニング　その3～

　少しばかり専門的な話になるが，自分の経験を挟んでおこう。日本をフィールドにして，日本の研究者や実践家を対象に研究発表をしてきた私でさえ，時代の変化で，自分の専門分野の論文を英語で書かなければならなくなった。

　私は最初に日本語で論文を書き，苦労しながら自分で英訳して，その後で海外の業者に依頼して英文チェックをしてもらう方法をとっていた。

　もちろん，国内にも日本語を直接に英文に訳してくれる業者があり，その水準は低くはない。けれども，ふたつの理由で私はその方法を避けた。ひとつは，英語への翻訳は私の生活感覚ではとても高額である。すぐに20万円前後になってしまう。それに対して，英文チェックは，ものにもよるが，さほど長い文章でなければ1万円前後，通常は2万円から6万円前後でとても安い。ありがたいことである。

　たしかに日本語を英語に翻訳してくれる人は英語のプロであり，高額というのは失礼で，労働にきちんと見合った金額であるのかもしれない。けれどもこれを避けてしまうもうひとつの

Chapter 6　書く力と文法力を高めるノウハウ

理由がある。

　私の依頼する論文は，一般的なビジネスの表現ではなくて学術研究になるので，どうしても専門用語の使用や表現方法に不満を感じてしまうのである。ある種の不自然さを感じてしまうと表現すればよいだろうか。同様に，日本語から英語に翻訳された他人の英語論文を読むと，しばしば変な表現にぶつかる。本人はたまたま英語が不得意なので，理解しがたい表現になっていても気がつかないのである。

　専門分野における研究者の間では，多くの論文を読むうちに，それぞれの人の実力というものが自然とインプットされているものである。そのため，こんなバカな表現をするレベルの研究者ではないことがわかるので，これは訳のミスと想定されるのである。

　そんな理由で，私は自身の日本語論文の草稿を自分で英訳していた。このような方法をとっている研究者はとても多いのだが，ここからがとくに言いたいことである。

　本書で述べてきた**英語の勉強を進めていくうちに，私は日本語を介さないで，英文で直接書く方が楽になってきた**のである。そのため，最近の私の英語の論文には日本語の草稿はない。

　なぜ，直接英語で表現する方が楽になったかというと，英語回路の考え方で述べたように，日本語と英語では発想法というか，論理の立て方が異なるからである。英文の表現にいちいち

日本語の表現固有の論理を挟むと，英語としては論理の流れが理解しがたく，回り道のようにみえることが少なくないからである。

　もっとも，私のさほどすぐれているわけではない実力を，良いように誤解されないために書き加えておこう。私は自分で英文の論文を書いた後に，海外の英語専門の業者にそのチェックをお願いしている。そして，いつもかなりの数の文法的なミスや，あまりうまくない表現が見つかる。それらの指摘はナルホドと感心することばかりで，よい勉強になっている。

　ところが，私にはひとつ大きな問題があって，いつまでたっても the の用法で間違いをおかしている。なぜ，ここに the が必要なのか，また必要がないのか，全然わからないのである。ところが，修正者は自信をもって，ここは the がいる，ここは the がいらないと指摘する。もちろん私も日本の文法書で教える the の用法は頭では理解している。それでもダメなのである。

　以上は私の自慢話ではない。**本書のようなトレーニングをすれば，ややむずかしい論理的な文章さえも英語で直接書けるようになると言いたい**のである。

# ❹ 冠詞の用法
## ～ノン・ネイティヴにはむずかしい区別～

　この私の弱点を的確に指摘している本があった。**西村肇さんの『サバイバル英語のすすめ』（ちくま新書 1995）**である。西村さんは工学部の先生だが，同業ということもあり，うなずける指摘が多くて私には楽しめる本であった。その中でつぎのような指摘がある。

　「日本人で英語を書いて相当に自信のある人でも，どうしても直されるのは定冠詞である。もちろん最初は冠詞を入れるべきところに入れない見落としが多い。その後，冠詞にかなり注意深くなってもやはり固有名詞の the は抜け落ちがちだし（the Waterloo Bridge など），逆に the が不要なところ，the でいけないところにも the を入れてしまい，真っ赤に直され，自信を失う」。

　まったく私が落ち込む穴ぼこを的確に指摘している。西村さんによると，**英語の冠詞の区別は，ノン・ネイティヴにとって非常にむずかしいそうである**。そして冠詞に苦労した西村さんの結論は「聞く人の側に浮かぶイメージが1つのものに特定できると確信できる時だけ that という意味で the を使う」のだ

そうだ。

　的確な指摘である。つまり言いたいことは，われわれのレベルでは，文法にも克服のむずかしいものがあるということだ。

　もっとも，私も論文の文章では間違いを指摘されているが，口語の会話では，冠詞の誤用によってコミュニケーションができないとか，誤解されたことはないので，間違いを楽天的にとらえても問題はなさそうである。

　これもまた，「小さな努力だけはしつづけよう」というほどの位置づけでガマンをし，「語学はまぁまぁで。完璧は捨てよう」「言葉の厳密さはほどほどに」という哲学で切り抜けるしかない。

Chapter 6 書く力と文法力を高めるノウハウ

Coffee Break 8  日本文化を捨てないと
冠詞は理解できないのかも

　この冠詞の問題は，日本語を母語とする私たちに，外国語の文法，ひいては外国の文化を考えるときのヒントを与えてくれる。冠詞というものは日本語にはない。そのため，aやtheの用法に私たちは苦労をする。

　芭蕉の俳句「古池や　蛙飛び込む　水の音」の蛙（かわず）について私たちは当然のことながら，カエル一匹（a flog）がポチョンと飛び込み，その後の静寂を味わうクセがある。ところが英語やフランス語，ドイツ語などの欧米の言語への翻訳では，これが複数になっているとロシア語通訳者で作家の**米原万里さんが指摘していた（『打ちのめされるようなすごい本』**文藝春秋 2006）。ポチョン，ポチョン，ポチョンと飛び込んでいるのだ。その方がかれらにとっては美なのであろうか。

　これは私には大きな衝撃であった。それを大手前大学の同僚のフランス文学の権威，柏木隆夫先生におたずねすると，**上田敏訳詩集『海潮音』（新潮文庫 1952）の名訳ヴェルレーヌの詩**「秋の日の　ヰ゛オロンの　ためいきの　ひたぶるに　身にしみてうら悲し」の原文ではヴィオロンは複数形（Des violons）で，キーキービーと複数のバイオリンが鳴り響いているのだそうだ。

　いやはや，というのが正直な感想で，自分が日本文化から飛び出せないことを痛感したし，飛び出したくないナーとも思う。

　ベストセラーとなった『バカの壁』（新潮新書 2003）で**養老孟司さん**が「我々が英語でさんざん悩まされた定冠詞，不定冠詞」は「西洋哲学の問題」であると指摘する。以下は養老さんのご意見の要約である。

　たとえばリンゴというひとつの物体は，頭のなかにあるリンゴ（見ても見なくても頭のなかでイメージされているリンゴ）と実体としてのリンゴのふたつに分けられる。

私たちが「机の上にリンゴがあります」ということを英語で表現すると

　There is an apple on the desk.

となる。それは見ているだけでイメージされたリンゴ。それをつぎに手にもってかじったりすると，その時点でようやく実体としてのリンゴになる。そうなると the apple になる。実体が定冠詞なのだ。実体は特定のリンゴでしかありえないが，イメージとしてのリンゴ（an apple）は，イメージだから大きさも色具合もなにも決まっていない。

　それを受けて，つぎの指摘に私は蒙を啓かれた。養老さんは言う。こういう定冠詞，不定冠詞で示される「認識の違い」は，冠詞のない日本語では存在しないのか。養老さんは話をつづける。その違いには助詞で対応しているのだと。

　「昔々，おじいさんとおばあさん**が**おりました（頭のなかでイメージされるおじいさんとおばあさん）。おじいさん**は**山へ柴刈りに（特定のおじいさん）おばあさん**は**川へ洗濯に（特定のおばあさん）」。前者が不定冠詞，後者が定冠詞として機能しているという。

　たしかに，私たちはある文章の主語で，これは「は」であって「が」ではないと，自信をもっていえる。だが，英語となると，冠詞の判断では自信がない。

　これら先学の指摘から，英語の冠詞をあたまでは理解できよう。だが，日本文化から飛び出したくないと考えている私にとって，英語表現の実践では，今後も誤りつづけるであろうということもわかった。

Chapter 6　書く力と文法力を高めるノウハウ

# ❺ 文法は英語理解のツール
~文法こそ英語力を高めるノウハウ集~

　文法こそが英語の「勉強」というイメージが強い。私の中学生や高校生の頃の英語の試験でいつも悩まされたのが文法だし，なんとしても勉強くさくておもしろくなかった。

　しかしながら，英語の勉強というイメージから離れて考え直すと，**文法こそがその言語理解のノウハウ集**なのである。なにを言っているのか，なにが書いてあるのか，それを理解するツールこそが文法であるのだ。

　どの言語でもそうだが，言語学者がその言語のルールを体系づけてくれたものが文法なので，そうしたルールが簡単に手に入るのはじつにありがたいことなのである。とくにノン・ネイティヴにとってはそうで，英文法が存在しなかったら，私たちは幼児のごとく，センテンスの丸暗記以外に英語をマスターする方法が見つからなかったかもしれない。

　そういう意味でたしかにありがたいのだが，問題はおもしろくないことである。「文法の勉強を捨てよう」と気持ちよく宣言するノウハウ本があるくらいだ。この問題を乗り越えるためには，**自分なりの文法の位置づけが必要**になってくる。

# ❻
# インターネットで英文法
〜なぜ？という疑問が浮かんだらすぐ検索〜

　私のばあい，大学受験用の微に入り細を穿つ文法はきれいさっぱり忘れたが，大学でもある程度は英語を勉強する機会があったので，基本の部分は忘れずにいたはずである。そのため，68歳になってはじめた勉強では，とくに体系立てて英文法の勉強をしていない。

　英語を読んだり書いたりしているときに，なぜ？と思ったり，文法的に理解できなかったり，あやふやであったときは，YahooやGoogleなどを使ってインターネット検索をする。つまりインターネットを文法書として活用している。

　先ほど引用した文章も「たばこを吸うために立ち止まった英語」で検索したら，「**参考書より分かりやすい英文法解説**」のサイトが現れて説明をしてくれたのである。

　Google検索から一例を出しておこう。

　タブレットで，今朝のBBCのニュースを読んでいた。それはアメリカのボルチモアで警官が逮捕した黒人を殺したという疑いがもちあがり，市民がデモをしたために夜の外出禁止令（curfew）が出た。この禁止令は明くる日もつづくだろうと思

われていた。そこからつぎの英文はつづく。

But on Sunday morning, Baltimore Mayor Stephanie Rawlings-Blake said she did not want to maintain it (curfew) any longer than was necessary.

ここで読者が than was necessary というところで、アレ！ than の後ろに主語がなくてよいの？と疑問を感じたとしよう。

書物の文法書で、この疑問の回答に行き着くのにはかなりのエネルギーを要する。しかし、タブレットに than is necessary と入力すると、これはだれしも感じる疑問なので、Yahoo JAPAN！の知恵袋ですぐにヒットする。

そのベストアンサーはとてもよくできていると思った。つぎのような例文をあげて、解説してくれる。

**質問**：「more than is necessary この文型はありなのですか？ 文法的に正しいのですか？　よろしくお願いいたします」。
**ベストアンサー**：「文法の用法ですが、この形はけっして珍しい用法ではありません。than の直後に主語が抜けているように感じるので、最初はあれ？と思いますが（中略）

The next war will be more cruel than can be imagined.

要するに接続詞 than は関係代名詞のように主語の働きをかねることがあるのですね。この点は接続詞 as についても同様です（中略）

文法書によっては，このような than や as を特殊な関係代名詞に分類していますが，接続詞の特殊な用法と見ておけば十分ではないでしょうか」。

　（yashinoevskii さんの回答 2007. 6. 23）

「なるほど」と思ったら，さっそく日記でこの文を使おう，という気も起こりそうである。

　それでも私にもマジメなときというものがあって，書店の英語のコーナーで小林敏彦さんの『口語英文法入門』（改訂版，フォーインスクリーンプレイ事業部 2015）という魅力的なタイトルの本を見つけて，それを購入した。よい本だろうという私の勘は当たっていると思うが，少々高度すぎて，いまは書棚に飾ってあるだけである。基本的には「言葉の厳密さはほどほどに」という，わが哲学と異なって，文法学者はミスを嫌うところが私のついて行けない理由である。

　けれども，読者のうちで基礎的な英文法もおぼつかないという人がいたら，中学や高校低学年用の英文法の教科書や参考書を読み返すのは有効だし，不可欠だと思う。

# Chapter 7
# シニア世代の ノウハウ力が もつ底力

# ❶ 1日の勉強時間
～毎日3時間3ヵ月，むりなら10分でもOK～

　1日にどれくらいの長さの勉強をしたらよいのだろうか。

　目に見える進歩を望むなら，この本ですすめる方法のどれか複数を使いながら，1日に3時間のトレーニングをする。そうすれば，高齢であっても確実に進歩する。**この3時間を3ヵ月つづけてほしい。自分でもその進歩に驚くこと請け合いである。**そうすると，おもしろくなって，さらにあたらしく1ヵ月なり，3ヵ月を設定することになるだろう。

　ただ，毎日毎日，3時間つづけるには，固い意志が必要である。私は3ヵ月だけでもこの固い意志をもってほしいと思っている。3ヵ月といっても土日など，週に2日ほど休むのはOKである。

　また，少しばかりやる気がなくなって，すなわち私の言う「波形トレーニング」の底の方にいるときは，10分だけでも英語につきあう努力をしている。音楽でも（私のような素人の話だが），1日10分楽器に触ると，力はそんなに落ちない。ただ，私もやる気のないときがけっこうあり，そのときは情けないことにそれさえもできないこともある。

そのようなときには，ほとんどなにもしなくたってよい。それでも OK である。ただ，先に紹介した私の尊敬する**ロンブ・カトー**の**『わたしの外国語学習法』**（ちくま学芸文庫）という文庫本をよく書棚からとりあげて，目に入ったページから拾い読みをすることにしている。そうすると，また学習意欲がわいてくる。彼女はおそらく「言葉」が好きなのだろう。そして読んでいるとその「好き」が，一時的であれ，感染するから不思議である。

ロンブ・カトーが「英語を勉強する気のないときは，10分間だけでもよいから，英語とつきあうのが英語力を保つのにはよい」と言っている。よいサジェスチョンだと思う。

# ❷ シニア世代の底力
～歳をとったゆえのノウハウ力～

シニア世代が不利であることはここでは考えないことにしよう。私たち高齢者はその不利をお互いによく知っているから。

第一にシニア世代の有利さは、なんと言っても「経験の豊富さ」すなわちノウハウ力である。これは言語学習にかぎらない。すべてのことに役に立つ。

第二に、多くのばあい、「時間がある」ということである。私自身は現在、時間に余裕のない状況であるが、シニア読者の多くは時間に恵まれているはずである。**外国語学習は自分の頭の中に外国語回路を形成していく創造的な仕事で、そこに時間をかけることができるのはとてもよいことである。**

公園でボンヤリしているときも、頭のなかではなにかを考えているもので、ストーリーを想像してそれを英語で表現していくと頭のエネルギーを使うし、英語力を高めるよいトレーニングになる。**私はボケ防止などという不届きな表現は用いない。創造的な仕事である。**

第三に、高齢者は「コツコツ仕事をつづけられる」ということである。私たちは体力がないので徹夜はできない。けれども

Chapter 7　シニア世代のノウハウ力がもつ底力

長い間生きてきたので，あることをコツコツつづけるのが，仕事としてもっとも成果が上がることを経験的に知っている。

　こうしたことは外国語学習にとって，非常にプラスになる。もし朝の散歩を毎日つづけられるとしたら，それと同じように**毎日1時間を語学にあてるのも重要なトレーニング法である**（先に述べたように，3時間つづければ目に見えて力がつくが）。そこでは**繰り返しの練習がおこなわれる**ので，本書の冒頭で述べたように，**記憶力の王道である繰り返しのトレーニングが実行されて，効果が高いのである**。コツコツの繰り返しで，生物学的記憶力のマイナスは帳消しとなる。

　私たちシニア世代はこのようなノウハウ力，時間，コツコツ継続という有利さを底力としてもっていることを，ぜひとも自覚すべきだろう。

# ❸ 私の英語力の最高地点
～一度衰えてもすぐ戻れる～

　私はこれを書いている現在，私の英語力の最高地点にいるわけではない。いまは衰退しているのである。

　私が自分自身の英語力を「頂点だな」と思ったときの経験を述べておこう。2014年，私は英語でさまざまな短いスピーチ，また，外国の大学での講演や授業をする多くの機会に恵まれた。2014年12月，私は70歳であったが，台湾の高雄にある名門大学，國立中山大学で学生たちを前にして，授業というニュアンスの講演をした。ほとんどが学生で，10人ぐらいが先生という，150人ほどの聴衆であったろうか。

　その大教室に向かう途中，廊下を歩きながら，担当の中山大学の先生（台湾のある学会の会長でもある。オーストラリアで博士号を取得）が，「学生の英語力には限りがあるので，シンプルなセンテンスで，あまりむずかしくない単語を使ってレクチャー（授業）をしてくれるとたいへんありがたいのだが」という条件を出してきた。

　これらの条件は，そう言われなくても，私がいつもしていることであった。私は込み入ったセンテンスを使って，しかも使

い慣れていないむずかしい単語を使う講演などはできない。「もちろんですとも，シンプルなセンテンスで，やさしい単語を使ってレクチャーをしましょう」と自信をもって答えた。

　じつはこのとき，私は自分にある種あたらしい試みを課した。それは「日本での授業と同じようにしよう」という試みである。直前の細かな準備はほとんどなしに，おおまかな話のストーリーだけを考えて，この授業に臨んだ。日本の大学のいつもの授業の経験で，細かすぎるパワーポイントや詳細なレジュメをつくって，それにしがみつくと，授業に迫力がなくなり，聴く者の心にあまり響かないことを知っていたからである。

　結果的には，スラスラと言葉が浮かび，楽に授業ができた。雰囲気としては聴衆も満足だったようだ。司会の先生が any questions ? とたずねると，学生たちや先生方から多くの質問があがり，有意義な時間を過ごせた。

　その後，ひとりで建物の廊下に立って内庭をながめていたときに，なにか感慨がわいてきた。いま自分の英語力の最高のときだな，と思ったのである。高雄は熱帯に位置するので，内庭には緑の葉を力強くかがやかせた大きな樹木がそびえ立ち，空は青く，大きな鳥たちがギーギーと鳴きながら木々の間で遊んでいた。木々の下のテーブルでは白いシャツを着た男女の学生たちが静かに本を読んでいた。その突き抜けたようなあかるさはハワイのイメージに似ていた。この感慨の瞬間はいまも鮮明に覚えている。

なぜ，これが私の英語力の最高のときという感慨をもったかというと，私は当時早稲田大学の教授であったのであるが，翌年の４月から関西の大学でたいへん多忙な仕事につくことが決まっていたからである。

　そしていま勤めている大手前大学は，小さな大学で目立たないが，とても魅力的な大学で，学生たちにとってよい教育の場になっているし，教職員の努力もすばらしい。しかし私自身は，事前の予想どおり，会議・打ち合わせとそれに関わるペーパー・ワーク漬けで，家に帰っても深い疲労が残っている日が多く，１～２時間の研究の時間を使うと，英語力を鍛えるエネルギーが残されていない。また，いまは英語を使う機会がほとんどない環境である。

　というわけで，現在は私の英語力の衰退期である。けれども，言いたいことは，衰退期があってもよいのではないか，ということである。楽器もそうであるが，**一度あるレベルに到達すると，少しばかり休んでも，少しのトレーニングでまた元のレベルに戻りやすいからだ。**いまの私はそのように楽観的に考えている。

　とりあえず，一度は自分が目標と考えていたＢレベルに達した。私にはＡレベルを目標にする気持ちはないし，必要もない。私のトレーニングはこれで一区切りがついたのである。

　**みなさんもぜひ，自分の目標を立て，それを実現する満足感を味わっていただきたい。**

*Epilogue*

# 英語力を高める目標と学ぶ意味

# ❶ ノウハウは宝,だが魔法はない

 私はあたらしい分野のことを手がけるときには,その分野のノウハウを手に入れて,そこから学びはじめることにしている。ノウハウは昔の表現をとると,先達(せんだつ)のことである。たしかに「先達はあらまほしき事」(徒然草)なのだ。

 この本の草稿ができあがった段階で,それまで読んでいて学んだ英語力についてのノウハウの本に加えて,ノウハウ本をあらためて入手して確認した。それはBレベルの私の述べていることが,ノウハウの先達たちが述べていることと異なっていたら,私が誤っている可能性があるので,そのチェックのためであった。

 そこで知ったことは,**わが国には英語のすぐれたノウハウ本が多数ある**ことであり,私たちはとても恵まれていることであった。それらの一部を本書の最後にまとめておいた。ぜひ読まれることをおすすめしたい。本書でもずいぶん使わせてもらった。

 なお,注意していただきたいことがある。ノウハウという先達は貴重な宝である。しかしながら,魔法は存在しない。英語

Epilogue　英語力を高める目標と学ぶ意味

力の習得にかかわる一部の広告で，1〜2週間ほどトレーニングをすれば，英語がたちどころに聴けるようになったり，ペラペラにしゃべれるようになるような誤解を与える誘いの表現を目にすることはある。**本書で紹介するトレーニング法や他のノウハウ本の手法が，現在のところ一番の近道である。**その近道は少しばかりのイバラの道を含んでいる。**これよりも短く，つまり簡単にマスターできる近道はない**，と思っていただきたい。

　ノウハウ本の多くは，おそらく編集者との話し合いで，学んだ本の出典引用をさけている。たとえば「単語は3000語が基本的に必要である」とだけ述べている。この数字がノウハウ集で最初に現れたのは言語学者である**千野栄一さんの『外国語上達法』**だと思うが，それ以降のノウハウ集は出典を示さずに，この3000語という数字のみをあげている。

　それに対して，本書はなるべく論拠になる著者と書名をあげた。ぜひそれを読んでいただきたいためであるが，またそれ以外の理由として，私にはアカデミックな世界で仕事をしてきたクセがあって，**学んだ事実の出典を明記するのが礼儀でありルールでもある**という考え方が捨てきれずに，そうさせていただいた。読者にとって煩雑になったかもしれないが，必要であったことをご理解いただきたい。

# ❷ 「取り返しがつかない」を突破せよ

　シニア世代になると,「取り返しがつかない」と後悔することがしばしばある。けれども,すべてのことについて,「取り返しがつかない」わけではない。

　一般的には,外国語学習は取り返しがつかない典型的な例だと思われている。そのように思われているのは,外国語は若いときでないとマスターできないという"常識"が世間にはびこっているからである。

　それが小学生から英語を学ばせるべきだと主張する人たちの論拠となっている。私は英語の「小学生から論」には疑問を呈するが,たしかにこの主張の論拠を100％否定はできない。若いときに外国語を学びはじめるに越したことはないからである。しかしながら同様に,外国語を中年期に,また歳をとってから学ぶ積極的意義についても,ここで考えてみたい。

　英語などの外国語をマスターしつづける作業は,かなりハードである事実は否定できない。私は三線という沖縄の楽器を比較的高齢になって習いはじめたが,そのような楽器のマスターよりも外国語の方がかなり厳しい。外国語をマスターする作業

Epilogue 英語力を高める目標と学ぶ意味

は，頑強な岩を鑿(のみ)で少しずつ穿(うが)つ作業に似ている。

 とくに，気楽に外国人と英語が話せて，寝転んで英語のペーパーバックを楽しむ段階に至るには，その人のそれまでの英語の学習歴にもよるが，それこそ死闘，つまりハードで忍耐強いトレーニングを必要とする。

 けれども，小・中学生になくて，私たちにあるのは，**人生における死闘に似たハードな経験と，それを乗り越えてきたノウハウ力である。**

 高齢者であるわれわれは，その人生のなかでなんどもそのようなハードな経験を繰り返してきた。もう一度，外国語とハードに取り組んでみるというあたらしい経験はどうであろうか。

 私たちの過去の仕事や私事でのハードさと比べて，外国語マスターの断然の長所は，**外国語は"裏切らない"**ということである。涙ぐむほどに忠実なのである。**かけたエネルギーに正比例して，外国語の力はついてくる。**

 私のプロとしての本来の仕事は，社会科学分野のアカデミックな研究であるが，これなどは，とても多くの時間をかけ，努力をしても，その成果がうまく出ないことが幾度もあった。それに比べると，外国語の学習は払った努力にきちんと答えてくれるものである。

 特別な才能もいらないし，深い洞察も期待されていない。東西の哲学を理解しておく必要もない。ただ，地道に繰り返せばよいだけである。

いまひとつ，外国語学習の長所は，片言でも話せるようになると，コミュニケーションの幅が広がるし，その外国語を話す現地の人に喜ばれる。この事実は本書でも紹介したが，これは外国語のマスターレベルをどこにおくかという目標と関わっている。

　目標は自分で決めればよいのであって，目標を低く設定すれば，「ハードな経験」というよりも「楽しみ」といえるほどの努力で，外国語とのつきあいができる。


「取り返しがつかない」という人生観ではさびしすぎる。それを突破するために外国語に取り組んでいただければ，と願っている。


### 引用文献・サイト

上川一秋・G. ジョージ『英語喉──50のメソッド』三修社 2007
上田敏訳詩集『海潮音』新潮社 1952
ロンブ・カトー『わたしの外国語学習法』米原万里訳　ちくま学芸文庫 2000
木村長人『英語は「6割」を目指せ』河出書房新社 2013
國弘正雄『英語の話しかた』たちばな出版 1999
小林敏彦『口語英文法入門──図解50の法則　改訂版』フォーインスクリーンプレイ事業部 2015
佐藤眞一・髙山緑・増本康平『老いのこころ──加齢と成熟の発達心理学』有斐閣 2014
塩田勉『おじさん，語学する』集英社新書 2001
S. ソレイシィ・R. ソレイシィ『英会話ペラペラビジネス100 ──ビ

ジネスコミュニケーションを成功させる知的な大人の会話術』アルク 2002
千野栄一『外国語上達法』岩波新書 1986
西村喜久『西村式ヒアリング大革命──英会話ホイホイ上達法』明日香出版社 1987
───『すごい！英語は前置詞だ！』明日香出版社 2011
西村肇『サバイバル英語のすすめ』ちくま新書 1995
野島裕昭『「超音読」英語勉強法──留学経験なし！だけどTOEICテスト満点！』日本実業出版社 2010
松本道弘『速読の英語』プレジデント社 1980
───『私はこうして英語を学んだ（増補改訂版）』中村堂 2014
三木雄信『海外経験ゼロでも仕事が忙しくても「英語は１年」でマスターできる』ＰＨＰ研究所 2014
村上憲郎『村上式シンプル英語勉強法──使える英語を本気で身につける』ダイヤモンド社 2008
森沢洋介『どんどん話すための瞬間英作文トレーニング』ベレ出版 2006
米原万里『打ちのめされるようなすごい本』文藝春秋 2006
養老孟司『バカの壁』新潮新書 2003

Michael Gates Gill, *How Starbucks Saved My Life*. Gotham Books 2008.
Kazuo Ishiguro, *The Remains of the Day*. Faber & Faber 1989.
Patricia Lakin, *Steve Jobs: Thinking Differently*. Aladdin 2015.
Nelson Rolihlahla Mandela, *Long Walk to Freedom*. Little, Brown and Company 2008.
Anne Perry, *Ashworth Hall: A Charlotte and Thomas Pitt* (Book 17). Ballantine Books; rep. ed. 2011.
Brian Powle, *Amazing World News*. NHK出版 2014.
───, *My Humorous Japan*. NHK出版 1991.
TED　https://www.youtube.com/user/TEDtalksDirector
英語発音指導実況【#2】作家・晴山陽一氏に英語喉体験授業デモ https://www.youtube.com/watch?v=cwYxLUJQMU0
参考書より分かりやすい英文法解説　http://e-grammar.info

**著者紹介**

鳥越　皓之（とりごえ・ひろゆき）

1944年生まれ。関西学院大学教授，筑波大学教授，早稲田大学教授を経て現在　大手前大学学長，文学博士
環境社会学，地域社会学，日本民俗学，日本社会史などを専攻し，専門の研究をふまえて，行政や地元の住民・NPOのリーダーたちと「まちづくり」などの政策を協議したり，実践方法を考えたりすることを仕事としてきた。おもな著書には以下のものがある。

『柳田民俗学のフィロソフィー』（東京大学出版会）
『水と日本人』（岩波書店）
『琉球国の滅亡とハワイ移民』（吉川弘文館）
『環境社会学の理論と実践』（有斐閣）
『地域自治会の研究』（ミネルヴァ書房）
『サザエさん的コミュニティの法則』（NHK新書）
『花をたずねて吉野山』（集英社新書）
『環境ボランティア・NPOの社会学』（編著，新曜社）

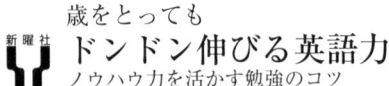

---

歳をとっても
## ドンドン伸びる英語力
ノウハウ力を活かす勉強のコツ

---

初版第1刷発行　2016年10月10日

|   |   |
|---|---|
| 著　者 | 鳥越　皓之 |
| 発行者 | 塩浦　暲 |
| 発行所 | 株式会社　新曜社 |
|  | 101-0051　東京都千代田区神田神保町3-9 |
|  | 電話03（3264）4973（代）・FAX 03（3239）2958 |
|  | Email: info@shin-yo-sha.co.jp |
|  | URL: http://www.shin-yo-sha.co.jp |
| 印　刷 | 新日本印刷 |
| 製　本 | イマヰ製本 |

©Hiroyuki Torigoe, 2016　　Printed in Japan
ISBN978-4-7885-1487-4 C1082